BALAS DE WASHINGTON

VIJAY PRASHAD

BALAS DE WASHINGTON
Uma história da CIA, golpes e assasinatos

1ª edição
Expressão Popular
São Paulo – 2020

Copyright © 2020, by Editora Expressão Popular Ltda.

Título original: *Washington Bullets*. Nova Délhi: LeftWord Books, 2020.
Tradução: *Rafael Tatemoto*
Revisão: *Lia Urbini e Aline Piva*
Projeto gráfico, diagramação: *Zap Design*
Capa: *Fernando Badharó - Cpmídias*
Impressão e acabamento: *Paym*

Dados Internacionais de Catalogação-na-Publicação (CIP)

P895b
Prashad, Vijay, 1967-
   Balas de Washington: uma história da CIA, golpes e
assassinatos / Vijay Prashad; tradução Rafael Tatemoto
-- 1.ed.-- São Paulo : Expressão Popular, 2020.
   167 p.

   Indexado em GeoDados - http://www.geodados.uem.br
   ISBN 978-65-991168-4-1
   Título original: Washington bullets.

   1. Companhia de Inteligência Americana - CIA
- História. 2. Estados Unidos - História. 2. Estados Unidos
– Política. I. Tatemoto, Rafael. II. Título.

CDU 973

Catalogação na Publicação: Eliane M. S. Jovanovich CRB 9/1250

1ª edição: julho de 2020
3ª reimpressão: novembro de 2022

EDITORA EXPRESSÃO POPULAR LTDA
Rua Abolição, 197 – Bela Vista
CEP 01319-010 – São Paulo – SP
Tel: (11) 3112-0941 / 3105-9500
livraria@expressaopopular.com.br
www.expressaopopular.com.br
 ed.expressaopopular
 editoraexpressaopopular

Sumário

Prefácio 9
Evo Morales Ayma

Agradecimentos 13

Arquivos 15

Derrubem mais aviões dos EUA 17

PARTE 1

Direito divino 23
Poder preponderante 24
A tutela 26
O direito internacional deve
tratar os nativos como incivilizados 28
Tribos selvagens não se conformam aos
códigos da guerra civilizada 32
Os nativos e o universal 35
A carta das Nações Unidas 38
Eu sou pela América 40
Solidariedade com os EUA contra o comunismo 44
Nenhum comunista em governos. Ou então... 47
Nada pode ser permitido 51
Projeto terceiro-mundista 54
Expor os EUA desnecessariamente 60

PARTE 2

Manual para mudança de regime 69
Produção da amnésia 95
Seja patriótico, mate um padre 98
A resposta ao comunismo está na
esperança do renascimento muçulmano 102
Peço-lhe fortemente que
faça disso um ponto de virada 106
O lençol é muito curto 113
A dívida de sangue 116

PARTE 3

Nossa estratégia agora deve encontrar novo foco 121

Poderes em ascensão criam instabilidade
no sistema internacional de Estados 125

Pavimentar o país inteiro 129

Bancos, não tanques 132

Primeiro entre iguais 135

Apenas um membro do conselho de segurança
permanente – os Estados Unidos 137

República de ONGs 139

Pressão máxima 143

Acelerar o caos 148

Sanções são um crime 150

O direito como arma de guerra 154

Dinamite nas ruas 157

Acreditamos no povo e na vida 160

Fontes 163

Para Prakash
Karat, cuja clareza a
respeito do
imperialismo
é meu guia

Prefácio

Evo Morales Ayma[1]

Este é um livro sobre balas, diz o seu autor. Balas que assassinaram processos democráticos, que assassinaram revoluções e que assassinaram esperanças.

O bravo historiador e jornalista indiano Vijay Prashad emprega toda a sua vontade para explicar e ordenar de forma compreensível e totalizadora o obscuro interesse com que o imperialismo intervém nos países que tentam construir seu próprio destino.

Nas páginas deste livro se documenta a participação dos Estados Unidos no assassinato de lideranças sociais da África, Ásia e da América Latina e nos massacres massivos dos povos que se opõem a pagar com sua própria pobreza os negócios delirantes das corporações multinacionais.

Prashad diz que essas balas de Washington têm um preço: "O preço mais alto é pago pelas pessoas. Porque nestes assassinatos, nesta intimidação violenta, são as pessoas as que perdem suas lideranças em seus locais, um líder camponês, um líder sindical, um líder dos pobres".

Prashad nos relata de maneira documentada a participação da CIA no golpe de Estado de 1954 contra Jacobo Arbenz Guzmán, presidente da Guatemala democraticamente eleito. Arbenz tivera a intolerável audácia de se opor aos interesses da United Fruit Company.

---

[1] Ex-Presidente de Bolívia.

No Chile, o autor mostra como o governo estadunidense, por meio da CIA, financia, com 8 milhões de dólares, greves e protestos contra Allende.

O que aconteceu no Brasil, no golpe parlamentar que terminou com a destituição da presidenta Dilma Roussef, em agosto de 2016, é um exemplo completo da prática perversa do *lawfare*, isto é, "o uso da lei como arma de guerra". O mesmo instrumento foi utilizado contra o presidente Luiz Inácio Lula da Silva, que sofreu 580 dias de prisão como resultado de um julgamento em que a promotoria não apresentou provas concretas, mas apenas "convicções".

Os tempos mudaram e mudaram os negócios, mas as formas e as respostas do imperialismo apenas se modificaram.

Nós, bolivianos, conhecemos muito bem esta política perversa. Inclusive muito antes dos quase 14 anos de nossa administração do Estado plurinacional da Bolívia, tivemos que enfrentar operações, amedrontamentos e represálias que vinham dos Estados Unidos.

Em 2008, tive que expulsar do país o embaixador estadunidense Philip Goldberg, que estava conspirando com líderes separatistas para lhes dar instruções e recursos para dividir a Bolívia. Naquele momento, o Departamento de Estado estadunidense disse que minhas denúncias eram infundadas. Não sei o que dirão agora, quando é tão evidente a participação da embaixada estadunidense no golpe de Estado que nos derrubou em fins de 2019. O que dirão os futuros pesquisadores que se dedicarem a ler os documentos, hoje secretos, da CIA?

As chamadas doutrinas Monroe e de "Segurança Nacional" tentam converter a América Latina em seu quintal e tentam criminalizar qualquer organização que se oponha a seus interesses e tente construir um modelo alternativo político, econômico e social.

Ao longo das décadas, inventaram uma série de pretextos e construíram uma narrativa para tentar justificar suas criminosas intervenções políticas e militares. Primeiro era a desculpa da luta contra o comunismo, depois a luta contra o narcotráfico e, agora se soma a desculpa da luta contra o terrorismo.

Este livro traz à memória uma infinidade de ocasiões em que as balas de Washington destroçaram esperanças. O colonialismo utilizou sempre a ideia de progresso de acordo com seus próprios parâmetros e sua realidade. Esse mesmo colonialismo que hoje coloca em crise nosso planeta, que devora os recursos naturais e que concentra a riqueza surgida da devastação diz que nossas leis do Bem Viver são utopias. Mas se nossos sonhos de equilíbrio com a *Pachamama,* de liberdade e de justiça social ainda não são realidade ou se viram bloqueadas, isso ocorre principalmente pela intervenção do imperialismo para bloquear nossas revoluções políticas, culturais e econômicas que hasteiam a soberania, a dignidade, a paz e a fraternidade com todos os povos.

Se a salvação da humanidade está longe é porque Washington persiste em utilizar suas balas contra os povos.

Escrevemos estas linhas e lemos estes textos em momentos muito tensos para nosso planeta. Um vírus está colocando a economia mundial em quarentena, e o capitalismo, com sua habitual voracidade e sua necessidade de concentrar riquezas, está mostrando seus limites.

É provável que o mundo que surja deste conturbado ano de 2020 já não seja o que conhecemos. Cada dia se impõe o dever de continuar nossa luta contra o imperialismo, contra o capitalismo e contra o colonialismo. Devemos trabalhar juntos por um mundo em que seja possível mais respeito pelas pessoas e pela Mãe Terra. Para isso, é importante a intervenção dos Estados em favor das maiorias e dos oprimidos. Temos a convicção de que somos a maioria. E que as maiorias, ao fim, vencerão.

Buenos Aires, abril, 2020

AGRADECIMENTOS

Eu não poderia ter escrito esse livro sem o trabalho e energia da equipe do Instituto Tricontinental de Pesquisa Social. Eles têm sido minha fonte de inspiração intelectual. A equipe é composta por Renata Porto Bugni, Jose Seoane, André Cardoso, Srujana Bodapati, Richard Pithouse, Aijaz Ahmad, P. Sainath, Celina della Croce, Ahmet Tonak, Tings Chak, Ingrid Costa N. R. Guimarães, Ghassane Koumiya, Pilar Troya Fernández, Marco Fernández, Maria Belén Roca Pamich, Emiliano López, Adrián Pullerio, Luciana Balbuena, P. Ambedkar, Subin Dennis, Satarupa Chakrabarty, Umesh Yadav, Cristiane Ganaka, Olivia Carolino Pires, Rebecca Gendler, Luiz Felipe Albuquerque, Nontobeko Hlela e Mwelela Cele. Visite nosso *website*[1] para ver o trabalho que realizamos, e o trabalho que almejamos realizar.

O livro foi escrito tendo em mente o processo chamado Semana Anti-Imperialista,[2] uma semana de protestos convocada pela Assembleia Internacional dos Povos. Agradeço à Secretaria da Assembleia – Paola Estrada, Giovani del Prete e Jo Figueroa – pelo incentivo. João Pedro Stedile e Neuri Rosseto do Movimento dos Trabalhadores Rurais Sem Terra no Brasil, Abdallah El Harif do Annahaj Addimocrati no Marrocos e Manuel Bertoldi da Frente Patria Grande me encorajaram a escrever o mais rápido possível.

Sou grato à minha família e aos amigos pelo amor que sempre é a energia para um trabalho como este – particularmente Soni Prashad, Rosy Samuel, Brinda Karat, Radhika Roy, Prannoy Roy, Elisabeth Armstrong, Zalia Maya, Rosa Maya, Shonali Bose, Subhashini Ali, Jodie Evans, Roy Singham, Manolo Enrique De

---

[1]   Ver: <www.thetricontinental.org>.
[2]   Ver: <https://antiimperialistweek.org/en/>.

Los Santos, Vashna Jagarnath, assim como Jojo, Rani e Leela. Obrigado a Sudhanva Deshpande, meu camarada gêmeo, por fechar a EDIÇÃO do texto, e pela alegria contagiante que trouxe ao processo. Agradeço à maravilhosa equipe do LeftWord Books pela sua dedicação a cada um de nossos livros e a nossa meta final: Nazeef Mollah, Suvendu Mallick, Purbasha Sarkar, Sreenath Hussain, Md. Shahid Ansari, Manoj Kumar e D. Rajendra Kumar.

Este livro é para Prakash Karat, uma influência que guia minha vida; ele é o leitor que sentava em meus ombros enquanto eu escrevia *Balas de Washington*.

Bouficha, Tunísia
13 de fevereiro de 2020

ARQUIVOS

> Eu não escondo minha opinião de que atualmente a
> barbárie da Europa Ocidental atingiu um nível incrivel-
> mente alto, sendo somente ultrapassada – bastante ultra-
> passada, é verdade – pela barbárie dos Estados Unidos.
> Aimé Césaire, *Discurso sobre o Colonialismo*, 1955.

Livros e documentos que detalham as tragédias impostas aos povos do mundo me cercam. Há uma seção em minha biblioteca sobre a Agência Central de Inteligência (CIA) do governo dos Estados Unidos e os seus golpes – do ocorrido no Irã em 1953 em diante, de tempos em tempos, em vários países. Os relatórios do Fundo Monetário Internacional (FMI) preenchem uma prateleira inteira; estes me contam sobre os obstáculos colocados aos países que tentam achar uma saída para sua pobreza e sua desigualdade. Tenho arquivos e mais arquivos de documentos governamentais que investigaram velhas e novas guerras sobre o derramamento de sangue que desestabilizou governos a serviço dos poderosos e dos ricos. Há as memórias de líderes e conselheiros diabólicos – a obra completa de Henry Kissinger – e há os escritos e discursos de líderes populares. Essas palavras criam um mundo – elas explicam porque há tanto sofrimento ao nosso redor e porque este sofrimento não leva à luta, mas à resignação e ao ódio.

Ergo o braço e puxo um arquivo sobre a Guatemala. É sobre o golpe promovido pela CIA em 1954. Por que os EUA destruíram aquele pequeno país? Porque o movimento sem-terra e a esquerda haviam lutado para eleger um político democrático – Jacobo Arbenz – que havia decidido implementar uma agenda de reforma agrária moderada. Um projeto que ameaçou minar a posse de terras da United

Fruit Company, um conglomerado estadunidense que estrangulava a Guatemala. A CIA foi ao trabalho. Contatou o coronel da reserva Carlos Castillo Armas, pagou comandantes de brigadas, criou eventos de sabotagem, e então derrubou Arbenz do palácio presidencial e o mandou para o exílio. Castillo Armas colocou a Guatemala sob um reino de terror. "Se for necessário transformar o país em um cemitério para pacificá-lo", ele depois declarou, "eu não hesitarei em fazer isso". A CIA deu a ele listas de comunistas, pessoas dispostas a livrar seu país da pobreza. Elas foram presas; muitas foram mortas. A CIA ofereceu sua benção a Castillo Armas para matar; *A study of assassination* [*Um estudo sobre o assassinato*], o manual de matança da CIA, foi entregue aos algozes sob seu comando. A luz da esperança se apagou naquele pequeno e vibrante país.

Que outros mistérios do passado estão em meus arquivos e livros? O que essas histórias nos contam?

Que quando o povo e seus representantes tentaram criar um caminho justo a se seguir, foram frustrados por suas classes dominantes, impulsionadas pelas forças do Ocidente. Que o que sobrou é um cenário de desolação. A humilhação do passado colonial mais antigo se reflete agora na era moderna. Nunca aos povos do Terceiro Mundo foi permitido viver no mesmo momento histórico que seus contemporâneos do Ocidente – eles foram forçados a viver com menos oportunidades e menos dignidade social. Grandes líderes do Terceiro Mundo sentiram o aço frio da execução – Patrice Lumumba no Congo (1961), Mehdi Ben Barka em Marrocos (1965), Che Guevara na Bolívia (1967), Thomas Sankara em Burkina Fasso (1987) e tantos outros, antes, durante e depois. Países inteiros – do Vietnã à Venezuela – enfrentaram a obliteração através de guerras assimétricas e guerras híbridas.

Este livro é baseado em uma vasta leitura de documentos do governo dos EUA e de documentos de governos aliados e organizações multilaterais, bem como na rica literatura secundária produzida por acadêmicos de todo o mundo. Trata-se de um livro sobre as sombras; mas se funda em uma literatura luminosa.

DERRUBEM MAIS AVIÕES DOS EUA

> Estados Unidos: o país onde
> a liberdade é uma estátua.
> Nicanor Parra, *Artefactos*, 1972

Qual o preço da bala de um assassino? Alguns dólares aqui e acolá. O custo da bala. O custo de uma corrida de táxi, um hotel, um avião, o preço para contratar o assassino, seu silêncio comprado através de um pagamento em um banco suíço, o custo psicológico por ele ter tirado a vida de uma, duas, três ou quatro pessoas. Mas o maior custo não é pago pelos serviços de inteligência. O maior custo é pago pelo povo. Pois nesses assassinatos, nesses homicídios, nessa violência intimidatória é o povo que perde seus líderes em suas localidades, um líder camponês, um líder sindical, um líder dos pobres. Os assassinatos se transformam em massacres, à medida que as pessoas em movimento são eliminadas, e à medida que sua confiança começa a diminuir. Aqueles que deles vieram, que organizaram a partir deles, falaram através deles, se não estão mortos, estão muito amedrontados para se levantar, muito isolados, muito abalados, com seu senso de poder, seu senso de dignidade, comprometidos por essa ou aquela bala. Na Indonésia, o preço da bala está no patamar dos milhões; na Guatemala, das dezenas de milhares. A morte de Lumumba danificou a dinâmica social do Congo, amordaçando sua história. O que custou matar Chokri Belaid (tunisiano, 1964-2013) e de Ruth First (sul-africano, 1925-1982), o que foi preciso para matar Amílcar Cabral (bissau-guineense e cabo-verdiano, 1924-1973) e Berta Cáceres (hondurenha, 1971-2016)? O que significou sufocar a história para preservar a ordem dos ricos? Cada bala disparada derrubou uma revolução e deu luz à nossa barbárie atual. Este é um livro sobre balas.

Muitas destas balas são disparadas por pessoas que têm seus próprios interesses paroquiais, suas pequenas rivalidades e seus ganhos mesquinhos. No século passado, frequentemente, estas balas que foram disparadas foram balas de Washington. São a balas que foram polidas pelos burocratas da ordem mundial que desejavam conter o maremoto emergido da Revolução de Outubro de 1917 e das muitas ondas que açoitaram todo o mundo para formar o movimento anticolonial. A primeira onda emergiu na União Soviética e no Leste Europeu, e foi a que provocou a Guerra Fria e o conflito entre Ocidente e Oriente; a outra onda veio do Vietnã e da China a Cuba, da Indonésia ao Chile, e esta onda engendrou o ainda mais letal conflito Norte-Sul ou Ocidente--Sul. Estava claro para os EUA, como líder do Ocidente, que nenhum confronto vigoroso seria possível no eixo Leste-Oeste, uma vez que a União Soviética (1949) e a China (1964) testaram suas armas nucleares, e nenhuma guerra direta seria possível. Os campos de batalha se moveram dos Urais e do Cáucaso para a América Central e do Sul, para a África e para a Ásia – para, em outras palavras, o Sul. Aqui no Sul, onde as matérias-primas são abundantes, a descolonização se tornou o quadro principal por volta dos anos 1940. As balas de Washington apontadas na direção da União Soviética estavam guardadas, mas foram disparadas no coração do Sul. Foi nos campos de batalha do Sul que Washington exerceu pressão contra a influência soviética e contra os projetos de libertação nacional, contra a esperança e a favor do lucro. Liberdade não deveria ser a palavra de ordem das novas nações que se separaram do colonialismo formal; liberdade é o nome de uma estátua no porto de Nova York.

O imperialismo é poderoso: ele tenta subordinar os povos para maximizar o roubo de recursos, trabalho e riqueza. Qualquer um que negue a absoluta obscenidade do imperialismo precisa encontrar outra resposta para o fato de que os 22 homens mais ricos do mundo tenham mais riquezas que todas as mulheres da África, ou que o 1% mais rico tem mais do que o dobro da riqueza de 6,9 bilhões de pessoas. Seria necessária uma resposta sobre a razão pela qual nós continuamos a sofrer com fome, analfabetismo, doenças e indignidades de diversos tipos. Não seria possível responder simplesmente que não há recursos suficientes para resolver esses problemas, dado que paraísos fiscais detêm ao menos 32 trilhões de dólares – mais do que o valor total de ouro já minerado. É fácil bombardear um país; é mais difícil resolver os problemas prementes de seu povo. A única solução do imperialismo para esses problemas é intimidar o povo e criar discórdia em seu meio.

Mas a liberdade não é facilmente contida. Essa é a razão pela qual, apesar das desvantagens, os povos continuam a aspirar alternativas, continuam a se organizar, continuam tentando ganhar um novo mundo – tudo isso apesar da possibilidade de fracasso. Se você não corre o risco de fracassar, não pode provar o gosto do fruto da vitória.

Em 2 de setembro de 1945, Ho Chi Minh apareceu para uma grande multidão em Hanói. Ele nunca havia estado na capital, mas era conhecido por todos lá. "Compatriotas", ele perguntou, "vocês podem me escutar? Vocês entendem o que estou dizendo?". Algumas semanas antes, em Tân Trào, o Congresso Nacional de Representantes do Povo desenhou a agenda para o novo Vietnã. No encontro, Ho Chi Minh disse:

> O objetivo do Comitê de Libertação Nacional e de todos os delegados é conquistar a independência de nosso país – qualquer que seja o custo – de tal forma que nossas crianças tenham o suficiente para comer, o suficiente para vestir e possam ir para a escola. Esse é o objetivo principal de nossa revolução.

As pessoas em Hanói, e por todo o Vietnã, sabiam exatamente o que Ho Chi Minh estava dizendo; elas podiam escutá-lo, e podiam entendê-lo. Sua consigna era comida, roupas e educação.

Alimentar, vestir e educar um povo requer recursos. A revolução vietnamita significava que o país não mais permitiria que sua própria riqueza social fosse levada para a França e para o Ocidente. O governo vietnamita, liderado por Ho Chi Minh, queria usar aquela riqueza para tratar as privações centenárias do campesinato vietnamita. Mas isso era precisamente o que o imperialismo não poderia tolerar. O trabalho vietnamita não era para o avanço de seu próprio país; mas sim para fornecer mais-valia para os capitalistas ocidentais, em particular para a burguesia francesa. O próprio desenvolvimento do Vietnã não poderia ser a prioridade dos vietnamitas; era prioridade do Vietnã cuidar do engrandecimento da França e dos demais Estados imperialistas. É por isso que os franceses – em conjunto com a monarquia vietnamita e seus subordinados – entraram em guerra contra o povo vietnamita. Essa guerra francesa contra o Vietnã ocorreria de 1946 a 1954 e, em seguida, o manto de guerra seria tomado pelos Estados Unidos da América, até sua derrota, em 1975. Durante o pior dos bombardeios estadunidenses na parte norte do Vietnã, Ho Chi Minh fez uma série de visitas às defesas aéreas. Ele já tinha mais de 70 anos. Seus camaradas perguntaram por sua saúde. "Derrubem mais aviões dos EUA", disse ele, "e estarei com a melhor saúde".

As balas de Washington são lisas e perigosas. Eles intimidam e criam lealdades através do medo. O antídoto contra elas é a esperança, o tipo de esperança que surgiu em 1964 quando se abriu uma nova fase na guerra civil colombiana, e o poeta Jotamario Arbeláez cantou outro futuro:

> um dia
> depois da guerra
> se houver guerra
> se depois da guerra houver um dia
> te tomarei em meus braços
> um dia depois da guerra
> se houver guerra
> se depois da guerra houver um dia

se depois da guerra eu tiver braços
farei amor com você, com amor
um dia depois da guerra
se houver guerra
se depois da guerra houver um dia
se depois da guerra houver amor
e se houver o que é necessário para fazer amor.

PARTE 1

Direito divino

Direito divino é um antigo princípio estabelecido. Ele significa que reis têm o direito, estabelecido por Deus, de agir da forma como quiserem. Leis feitas por humanos não têm consequências acima do poder de Deus, e do representante de Deus, nomeadamente o monarca.

Em Délhi, por volta do fim do século XVI, o imperador mongol Akbar começou a ter dúvidas a respeito da ideia de direito divino. Ele estabeleceu um escritório de tradução (*maktab khana*) e pediu a intelectuais que lessem profundamente todas as tradições religiosas. "Os pilares da obediência cega foram demolidos", escreveu Abu'l Fazl, biógrafo de Akbar. "Uma nova era de pesquisa e investigação de assuntos religiosos começou". Parte do surgimento de uma ideia não religiosa de que soberania vinha do senso de que o imperador devia governar para o povo, não com base em um direito próprio dado por Deus. "A tirania é ilegal em todos, especialmente em um soberano que é o guardião do mundo", escreveu Abu'l Fazl, em Ain-i-Akbari (1590).

Nove anos depois, o historiador espanhol Juan de Mariana escreveu *De rege et regis institutione* (1598), no qual defendeu a ideia de que as pessoas – ele se referia principalmente aos nobres – "são capazes de chamar um rei a prestar contas".

Abu'l Fazl e de Mariana entenderam o ânimo geral. Rebeliões camponesas tiveram seu impacto. Seus forcados eram afiados; sua raiva, um maremoto.

A soberania passou gradualmente de Deus e do Rei para o Povo.

Uma geração depois, Luís XIV da França disse: *"L'État c'est moi"* [O Estado sou eu]. Seus descendentes seriam guilhotinados.

Poder preponderante

Em 6 de agosto de 1945, os militares dos EUA soltaram a bomba que continha 64 kg de urânio-235 na cidade de Hiroshima (Japão). A bomba demorou pouco mais de 44 segundos para cair 9.400 metros e detonou a 580 metros acima da Clínica Cirúrgica Shima. Mais de 80 mil pessoas morreram instantaneamente. Esse foi o primeiro uso da bomba atômica.

Quatro dias depois, Satsuo Nakata levou a câmera Leica da Nova Agência Domei para a cidade. Ele tirou 32 fotografias da devastação; cada uma dessas imagens – arquivadas no Museu Memorial da Paz de Hiroshima – é icônica. A força da bomba arrasou a cidade, ainda que apenas 2% do urânio tenha detonado. Nakata fotografou o escritório do jornal *Chugoku Shimbun* e a loja de quimonos Odamasa. As estruturas de metal da loja foram retorcidas como a espiral de um redemoinho, um sinal do poder desta arma. Como Toge Sankichi – um *hibakusha* [sobrevivente da bomba atômica] e poeta – escreveu sobre tal poder e impacto, enquanto os incêndios gerados pelo poder da bomba se alastravam em uma cidade de 350 mil habitantes: "o único som: as asas de moscas zunindo ao redor de bacias de metal".

Entre 1944 e 1946, Paul Nitze foi diretor e vice-presidente da pesquisa sobre "bombardeio estratégico" do governo dos EUA. Ele começou este trabalho na Europa, mas depois foi ao Japão assim que a guerra acabou. Nitze afirmou que acreditara que a guerra seria vencida "até mesmo sem o emprego da bomba atômica". Essa foi a tese que esperava comprovar durante sua estada no Japão. A destruição que viu era de tirar o fôlego; ela se assemelhava às cidades europeias que enfrentaram bombardeios convencionais. Como seu biógrafo Strobe Talbott escreveu, Nitze "acreditava que as medições realizadas pela pesquisa em Hiroshima e Nagasaki mostravam que os efeitos eram aproximadamente equivalentes aos de um ataque incendiário de bombas". Os generais e empresários japoneses que ele entrevistou disseram que eventualmente se renderiam, mas a bomba atômica certamente tornou impossível a continuidade da guerra. Em novembro de 1945, Nitze conheceu o barão Hiranuma Kiichiro, presidente do Conselho Privado. Em 26 de julho de 1945, os EUA, o Reino Unido e a China emitiram a Declaração de Potsdam, que urgia o Japão a se render, ou então a enfrentar "a destruição imediata e completa". Kiichiro afirmou que se movimentou após esta ameaça no sentido de convencer seus colegas do Conselho Privado a se renderem, mas não foi bem-sucedido. Uma semana depois, em 6 e 9 de agosto, os EUA soltaram as bombas em Hiroshima e Nagasaki. O imperador do Japão, Hirohito, se rendeu em 15 de agosto. Kiichiro contou a Nitze que o "maior fator" para a rendição japonesa foi "a bomba atômica". O país, ele disse, "estava diante de terríveis poderes destrutivos e a capacidade do Japão em conduzir a guerra realmente chegara ao final".

O imenso poder da bomba atômica teve impacto nos burocratas de Washington, mesmo entre aqueles que talvez tenham se sentido desconfortáveis com seu uso. Nitze era um deles. Ele teria preferido que a bomba atômica não tivesse sido utilizada, mas, uma vez que ela o foi, viu sua utilidade. Esta é a razão pela qual ele recomendou ao governo dos EUA que expandisse seu arsenal. A questão não era efetivamente atacar a URSS, mas assegurar que a URSS fosse contida – como disse o diplomata estadunidense George F. Kennan –, e então eventualmente tivesse de retroceder. Nitze, mais do que Kennan, formataria a política externa dos EUA por décadas. Com sua equipe no Departamento de Estado Nitze formularia, em 1952, o objetivo expresso do poder estadunidense após a Segunda Guerra Mundial. Os liberais no governo dos EUA, ele disse, tendiam a "subestimar as capacidades dos EUA"; ele não, já que ele as havia visto como parte da "Pesquisa sobre bombardeio estratégico". Ele introduziu uma palavra que se tornaria parte da fórmula dos planejadores de políticas nos EUA: preponderante. "Buscar menos do que poder preponderante seria optar pela derrota", escreveu à sua equipe. "Poder preponderante tem de ser o objetivo da política estadunidense".

A palavra preponderante vem do latim. Ela significa ser mais pesado. O rei sempre valida seu peso em ouro. Agora os EUA afirmam seu tamanho, com seu poder ampliado pelo peso da carga explosiva lançada sobre Hiroshima e Nagasaki.

A tutela

Os antigos mestres coloniais gostavam de pensar que eles eram dirigidos por Deus para levar paz e civilização ao mundo. Essa ideia do colonizador como pacificador e legislador veio embaralhada nos grandes discursos do Direito Internacional moderno. Os nativos seriam violentos, incapazes de se governarem pela razão; eles necessitariam de seus mestres para ajudá-los, para serem seus tutores. O Pacto da Liga das Nações (1919) estabelecia sob "tutela" as terras de nativos, de forma que seus mestres podiam acreditar que sua dominação era sacramentada pelo Direito. Foi no artigo 16 do Pacto que as "nações amantes da paz" – nomeadamente as imperialistas – disseram que tinham a "obrigação" de manter a paz e a segurança.

A hipocrisia europeia sobre termos como "paz" já era bastante clara para o mundo colonizado. O Pacto da Liga das Nações foi assinado em 28 de junho de 1919. Alguns meses antes, em 13 de abril, tropas britânicas conduziram um massacre em Jallianwala Bagh (Amritsar, Índia), onde um encontro massivo estava ocorrendo em oposição à Lei de Defesa da Índia de 1915.[1] Mais de mil pessoas foram mortas naquele único dia. Eles estavam realizando um encontro pacífico. Foram mortos pelas "nações amantes da paz". Isso ocorreu apesar da Índia ser integrante da Liga. Como os jornais indianos – como o *Rajasekaran* (novembro de 1919) – entenderam imediatamente, "a Inglaterra assegurou uma cadeira para a Índia na Liga das Nações a fim de poder comandar um

---

[1] Lei criminal editada pelo governador-geral da Índia, representante do Reino Unido, buscando reprimir atividades nacionalistas no país. (N. T.)

número maior de votos. "De qualquer maneira, não houve benefício algum para a Índia".

Os Estados Unidos assinaram o Pacto, assim como a Nicarágua e o Haiti. Em 1909, os EUA intervieram na Nicarágua para derrubar o presidente José Santos Zelaya, que tinha ambições de criar a República Federal da América Central. Tal projeto de unidade regional era inaceitável para os EUA, que desejavam entalhar um canal através da Nicarágua para unir os dois oceanos (quando os EUA passaram sua atenção ao Panamá, Zelaya perguntou aos alemães se eles estavam interessados em um canal; este foi um erro fatal). A saída de Zelaya abriu espaço na Nicarágua para nacionalistas, incluindo aqueles entre os militares. Quando eles se levantaram na Rebelião de Mena, em 1912, os fuzileiros navais dos EUA retornaram – e permaneceram até 1933.

O Haiti, que, como a Nicarágua, estava na Liga das Nações, viu seu povo se levantar contra o ditador pró-EUA Jean Vilbrun Guillaume Sam, em 1915, cuja morte nas ruas de Porto Príncipe deu aos EUA a desculpa para enviar seus fuzileiros navais; eles permaneceram no Haiti até 1934. Entre 15 mil e 30 mil haitianos morreram pela repressão, ainda que isso não tenha impedido uma revolta camponesa em 1919-1920, e uma série de greves em 1929. O líder de parte desta agitação – Charlemagne Masséna Péralte (1886-1919) – e seu bando de *cacos*[2] lutaram para defender os direitos do povo do Haiti. Um fuzileiro estadunidense atingiu-o com um disparo no coração. Péralte foi o Sandino, – revolucionário nicaraguense que conheceu o mesmo destino em 1934 – do Haiti. Cada instituição no Haiti foi esvaziada, e suas funções subordinadas aos Estados Unidos. Uma "nação amante da paz" invadiu outras duas integrantes da Liga em nome da paz. Mas essas exceções já estavam previstas no Pacto. Ele afirmava de forma bem

---

[2] Grupos armados originariamente provenientes das populações escravizadas. O nome deriva de um pássaro de plumagem vermelha, com o qual eram comparados por utilizarem a floresta como refúgio e ponto de partida para ataques. (N. T.)

clara que "nada neste Pacto deve ser levado em conta para afetar a validade de compromissos[3] internacionais, como os [...] entendimentos regionais, tal como a Doutrina Monroe, para garantir a manutenção da paz". A Doutrina Monroe, de 1823, que os EUA entendiam como seu direito ao hemisfério, era considerada legal, já que permitia aos imperialistas o direito sobre seus domínios.

O representante japonês no encontro da Liga das Nações era o barão Makino Nobuaki. Seu discurso na conferência de Versalhes – tingido de ingenuidade – apresentou uma "proposta para abolir a discriminação racial". A fala de Nobuaki era limitada, como deixou claro o ministro de Negócios Estrangeiros, visconde Yasuya Uchida; a proposta deveria ser aplicada apenas aos membros da Liga das Nações, e não aos territórios colonizados. Mas mesmo este princípio era demais. A Austrália havia adotado a "Política por uma Austrália Branca", em 1901. Seu primeiro-ministro, William Morris Hughes, não toleraria uma proposta como esta na Liga. A Inglaterra e os Estados Unidos da América concordaram. A proposta japonesa caiu no esquecimento. O barão Nobuaki voltou para casa furioso; ele era o patrono de grupos ultranacionalistas cujo papel levou o Japão a suas guerras de agressão na Ásia.

O direito internacional deve tratar os nativos como incivilizados

Nos dias antigos, nos dias do colonialismo, não havia qualquer necessidade de justificativas. Se uma potência colonial quisesse invadir um território, poderia fazê-lo à vontade. Outras potências coloniais podiam se opor – e às vezes se opunham –, mas essa objeção não vinha em nome daqueles que estavam sendo invadidos; ela vinha do sentimento competitivo entre potências coloniais. Em 1884-1885, as potências imperialistas se encontraram em Berlim

---

[3] Em inglês, a ambiguidade do termo *engagement* é ilustrativa, podendo significar compromisso ou batalha, combate. (N. T.)

para dividir a África. As potências europeias e os Estados Unidos disputaram "ocupação efetiva" e "esferas de influência", expressões que disfarçavam a brutal e cruel tomadas de terra e a supressão das aspirações populares. Inglaterra, França, Alemanha, Itália, Portugal, Espanha e Estados Unidos retalharam a paisagem. Uma década depois, apenas Etiópia, Marrocos e os Sultanatos de Majeerteen e de Hobyo permaneceram relativamente independentes. Em algumas décadas, França e Espanha tomariam Marrocos, e os dois sultanatos seriam tomados pela Itália, que posteriormente conduziria uma severa guerra contra a Etiópia, em 1936, em busca de dominação. Tudo isso foi feito através de uma estrutura legal que privou de direitos um continente inteiro para servir às necessidades da Europa e dos Estados Unidos.

John Westlake, professor da Universidade de Cambridge, que foi um dos pioneiros do Direito Internacional, e que posteriormente seria um membro liberal do Parlamento, escreveu em seu manual de 1894, *Direito Internacional*:

> o Direito Internacional deve tratar os nativos como incivilizados. Ele regula, para o benefício mútuo dos Estados civilizados, as reivindicações por soberania sobre determinada região e deixa o tratamento dos nativos para a consciência do Estado ao qual a soberania é concedida; não sancionar seus interesses serviria como desculpas para mais guerras entre os reivindicantes civilizados, devastando a região e causando o sofrimento para os próprios nativos.

Para proteger os nativos, em outras palavras, estes devem entregar suas terras e recursos aos colonizadores, e devem eles próprios fazer acordos através do Direito Internacional de forma que não entrem em guerra entre si; é para o benefício dos nativos que eles se rendam e observem os imperialistas que dividem o saque. Este é o ponto máximo do Direito Internacional imperialista, que se entoca no arcabouço conceitual das atuais leis internacionais.

Ficções jurídicas pairavam sobre a questão da conquista, mas não havia desconforto sobre os massacres de populações e culturas inteiras.

A primeira Convenção de Genebra (1864) emergiu de um sentimento de ultraje quanto ao grande número de europeus mortos em batalhas na Europa. Dois conflitos em particular causaram desgosto ao público europeu: o ocorrido na Crimeia entre 1853 e 1856, que ceifou mais de 300 mil vidas, e a Batalha de Solferino, em 1859, que custou 40 mil vidas em um único dia. Destas duas guerras vieram a primeira Convenção de Genebra e o Comitê Internacional para o Socorro aos Feridos (posteriormente, o Comitê Internacional da Cruz Vermelha). Esta lei e esta instituição estabeleceram o arcabouço moral para a guerra.

Tudo isso desmoronou durante a Primeira Guerra Mundial, quando a tecnologia de guerra excedeu qualquer padrão moral. Armas químicas e bombardeios aéreos removeram a "honra" na guerra, fazendo do combate uma questão baseada na superioridade tecnológica em vez de baseada na bravura. O impacto dos bombardeios aéreos foi o mais profundo, já que a linha de divisão entre combatentes e civis começou a se dissolver dada a capacidade tecnológica de bombardear áreas civis muito atrás dos frontes de batalha. Novas Convenções de Genebra (1929, 1949) se seguiram, cada uma tentando amenizar a dureza das novas tecnologias de morte. Os nazistas não tinham escrúpulos em relação à morte de civis, o prelúdio foi o bombardeio de Guernica (Espanha), em 1937. Mas os Aliados não eram menos duros. Em 1942, o governo britânico reconheceu que seus bombardeios tinham como objetivo causar danos "à moral da população civil do inimigo, em particular, os trabalhadores industriais". O bombardeio aliado de Dresden (Alemanha), em 1945, foi a prática da teoria formulada em 1942. O escritor estadunidense Kurt Vonnegut estava em Dresden como prisioneiro de guerra. Posteriormente, escreveria um livro devastador sobre o bombardeio chamado *Matadouro 5* (1969).[4] Os mortos cobriam a cidade. "Havia tantos corpos para

---

[4] Em inglês, *Slaughterhouse Five*. Algumas edições em português da obra intitularam o livro como *A Cruzada das Crianças*. (N. T.)

enterrar", Vonnegut escreveu, "então os nazistas enviaram tropas com lança-chamas. Todos os restos dos civis foram queimados até se tornarem cinzas".

A nova tecnologia de guerra e o Holocausto demandaram que o Ocidente criasse as Nações Unidas, e a Carta das Nações Unidas (1945). A Europa havia escancarado as mandíbulas do inferno para si mesma. O inferno, por outro lado, sempre fora a condição das colônias e dos colonizados.

Treze mil soldados do oeste africano, do Benim ao Togo – que haviam lutado no Exército francês, capturados pelos nazistas e presos em um campo de concentração, libertados e colocados novamente em um campo em Thiaroye, próximo a Dakar – se amotinaram em novembro de 1944 contra a forma como vinham sendo tratados. Eles haviam visto os bombardeios e a brutalidade; haviam pensado que estavam voltando para casa para receber suas pensões de guerra. Em vez disso, a França os traiu, como o colonialismo sempre faz. Sua revolta foi um clamor no meio do escuro. Soldados franceses abriram fogo e mataram centenas deles. Em 1988, o brilhante diretor senegalês Sembene Ousmane fez um filme ("Camp de Thiaroye") sobre esse massacre. Um dos personagens principais no filme é Pays, que sofre com os traumas da guerra que costumavam ser chamados de "choque de cartucho";[5] ele não pode falar, pode apenas grunhir e gritar. Ele está no serviço de guarda e observa os tanques circundando o campo e tenta avisar seu companheiro que os nazistas estavam de volta para matá-los. Seus camaradas afirmam que ele está louco. Os tanques franceses abrem fogo. Os africanos são todos trucidados.

---

[5] Em inglês, *shell shock*, termo cujo paralelo em português não encontramos. A expressão foi criada pelo psicólogo britânico Charles Samuel Myers em referência ao estado traumático em que permaneciam soldados que participaram da Primeira Guerra Mundial. Com o conceito, Myers relacionava os sintomas detectados como efeitos diretos das explosões de cartuchos de artilharia próximas às trincheiras. Hoje, o termo mais empregado, não só para situações de guerra, é transtorno de estresse pós-traumático (TEPT). (N. T.)

Tribos selvagens não se conformam aos códigos da guerra civilizada

O jovem Winston Churchill foi à luta em "uma série de pequenas e alegres guerras contra povos bárbaros". No Vale de Swat, no atual Paquistão, Churchill e suas tropas ceifaram a resistência local com extrema violência. Quando refletiu sobre essa guerra assassina, ele escreveu que suas tropas deveriam ser sangrentas, pois o povo de Swat tinha uma "forte propensão aborígene para matar". Os franceses pegaram emprestado uma palavra distintamente americana, *gook*,[6] usada originalmente nas Filipinas, para sua guerra na Argélia, enviando suas tropas para caçar *gooks* (o nativo que é selvagem). O colonizador é civilizado, até mesmo em sua brutalidade. O colonizador nunca é o terrorista. É sempre o selvagem que o é.

As discussões sobre a primeira Convenção de Genebra, em 1864, não fizeram menção às guerras coloniais. Não houve nada sobre a terrível repressão contra o levante indiano em 1857, nada sobre a selvageria na repressão contra levantes de pessoas escravizadas nas Américas, silêncio sobre os assassinatos genocidas de populações indígenas na Austrália e nas Américas – silêncio.

O silêncio duraria de 1864 a 1929, e depois entraria nas Convenções de Genebra de 1949. Não há nada que se possa citar para mostrar esse silêncio – apenas que não há referências a quaisquer guerras coloniais nessas leis de guerra. Foi somente em 1977 – com o Protocolo Adicional n. 1 – que o processo de Genebra reconheceu que guerras de libertação nacional deviam ser consideradas conflitos armados sob o arcabouço das Convenções e, então, sujeitas ao Direito Internacional. Mas isso só ocorreu porque os países antes colonizados, os Estados recentemente independentes que conformaram o Movimento dos Não Alinhados – criado em 1961 –, *lutaram* para incluir este ponto.

---

[6] Expressão pejorativa empregada pelos militares estadunidenses principalmente para populações do leste e do sudeste asiáticos. Bastante empregada nas guerras da Coreia e do Vietnã.

Até isso acontecer, nas colônias, todas as intervenções eram legais, todos os ataques e massacres eram legais. Se os nativos não se comportassem, o colonizador poderia fazer o que quisesse. O termo "diplomacia das canhoneiras"[7] exemplifica a natureza da ilegalidade. Algumas vezes, a consciência liberal teve de confrontar sua própria brutalidade. Assim, justificativas tiveram de ser evocadas. Em 1923, autoridades britânicas em Londres se preocuparam com a dureza de suas operações no Afeganistão. Mas após uma breve discussão, chegaram à conclusão de que o Direito Internacional – as Convenções de Genebra – não era aplicável "contra tribos selvagens que não se adequam aos códigos da guerra civilizada". Esta é a versão do manual de Westlake, publicado em 1894, nas notas feitas por um burocrata da guerra em 1923.

O rei Leopoldo II da Bélgica, e seu regime genocida no Congo – que matou ao menos dez milhões de pessoas em uma década –, era um constrangimento ao projeto europeu. Ele teve de renunciar ao controle do Congo em 1908. Mas isto ocorreu porque ele era muito extremo. O princípio de que os colonizadores europeus poderiam agir à margem da lei nas colônias não foi desafiado – a qualidade ilegal do colonialismo permaneceu, somente a quantidade de mortos se tornou um escândalo.

Posteriormente, quando a tecnologia produziu a habilidade de matar a partir dos céus, a ansiedade durou um breve instante e foi rapidamente realocada; os colonizadores viram os bombardeios aéreos como forma de trazer civilização aos nativos. Os italianos foram os primeiros a bombardear seres humanos a partir do ar quando bombardearam a Líbia em outubro de 1911, somente alguns anos depois de Leopoldo ter sido removido do Congo. Alguns jornais protestaram, tendo o *Daily Chronicle* descrito a cena de forma vívida: "não combatentes, jovens e idosos,

---

[7] Em inglês, *gunboat diplomacy*, expressão que significa o método de influenciar e pressionar países e regiões em busca de seus interesses, com base na demonstração de poderio militar, especialmente naval. (N. T.)

foram abatidos sem piedade, sem escrúpulos e sem vergonha".
O uso da expressão jurídica "não combatentes" é significativo.
O editor do jornal, Robert Donald, tolerava a guerra, mas não
o massacre. A força aérea italiana, que considerava positivo o
bombardeio, escreveu em seu comunicado vindo do campo de
batalha que as bombas "tiveram um efeito maravilhoso sobre o
moral dos árabes", em outras palavras, que os árabes estavam
atemorizados pelos colonizadores. A força aérea do britânico
Robert Donald se espelharia nos italianos em sua campanha
contra os iraquianos, em 1924. O jurista britânico J. M. Spaight
escreveu em *Air power and war rights* [*Poder aéreo e direitos de
guerra*] (1924) que o bombardeio aéreo tinha "possibilidades
quase infinitas". "Ele pode transformar o negócio antigo, bruto,
hediondo e sangrento em uma cirurgia quase sem sangue de
ajuste internacional forçado". Os bombardeios rápidos e mortais
mudam o equilíbrio de forças para que o "ajuste internacional"
ou a rendição dos nativos possa ser apressada. Foi o que se passou com as leis de guerra quando estas se relacionavam com os
povos colonizados.

Esta brutalidade duraria até muito tempo depois da criação
das Nações Unidas, muito depois do *slogan* "nunca mais", que
surgiu do desgosto pelo Holocausto. Durante a guerra genocida
promovida pela Inglaterra no Quênia de 1952 até 1960, o chefe
de polícia colonial, Ian Henderson, conduziu a mais brutal operação de caráter pseudogangster. O livro de Henderson – publicado
em 1958 e objeto de grande aclamação – foi intitulado *Man hunt
in Kenya* [*Caçada humana no Quênia*]; ele estava perseguindo
terroristas e selvagens, e sua atitude era absolutamente a dominante enquanto dirigia uma das mais abjetas guerras coloniais
do século XX. Em 1976, Ngugi wa Thiong'o e Micere Mugo
dramatizaram o julgamento de Dedan Kimathi – o líder da rebelião Mau, que Henderson havia capturado. Eles se encontram
na cela – o líder da libertação nacional Kimathi e o policial
colonizador Henderson. "Veja, entre nós dois", Henderson diz,

"nós não precisamos fingir. As nações vivem de sua força e de seus próprios interesses. Você desafiou nossos interesses. Nós tivemos de defendê-los. É de nosso interesse mútuo e para nosso benefício que nós devemos encerrar essa guerra horrorosa". Kimathi responde: "Você me considera tolo?". "Eu sou um revolucionário queniano", Kimathi disse, "um ser humano que se levanta contra as guerras coloniais ilegais". Antes de Kimathi ser executado, ele fala para sua mulher Mukami: "meu sangue regará a árvore da independência".

Os nativos e o universal

Gradualmente, e com intensidade, os movimentos de libertação nacional cresceram pelo mundo colonizado. Esses movimentos não apenas exigiam liberdade política contra os regimes coloniais. Nós somos partes da raça humana, eles disseram e, portanto, somos parte das ideias universais de liberdade e humanidade. "Sou um revolucionário queniano", disse Kimathi, mas o que ele queria dizer era também que "eu sou um ser humano". Nenhuma ideia como "selvagem" poderia ser usada para retirar dos princípios universais aqueles que haviam sido colonizados. Essa foi a essência das resoluções que emergiram da reunião da Liga contra o Imperialismo, realizada em Bruxelas, em 1927-1928. A resolução política ampliou essa demanda com sua ira contra o "reino de terror" e as "medidas brutais de repressão" usadas contra os movimentos de libertação nacional, da Nicarágua à Índia. Sentia-se que nada poderia impedir as demandas da humanidade de caminhar livremente no palco da história.

Nas décadas que se seguiram, os movimentos de libertação nacional cresceram em força, suportaram os ataques cruéis dos imperialistas e desenvolveram seu próprio entendimento da unidade essencial da humanidade. O racismo do colonialismo não deveria ser refletido nos próprios movimentos de libertação nacional, que lutavam pela universalidade, e não por seu próprio progresso particular.

A Carta do Atlântico de 1941, promovida pelo presidente dos EUA, F. D. Roosevelt,[8] veio com todos os princípios de universalidade que refletiam as demandas dos movimentos de libertação nacional. Mas, como os 14 pontos do presidente Woodrow Wilson (1918), a Carta de Roosevelt tinha um estilo mais bombástico do que realista. A ansiedade quanto ao anticolonialismo afetou os mais altos escalões dos imperialistas – Wilson preocupou-se com as revoluções de 1911 na China, Índia e México, bem como com a Revolução Russa de 1917; Roosevelt viu a história de frente, e ela revelou que o anticolonialismo prevaleceria após o término da Segunda Guerra Mundial. O vice-primeiro-ministro britânico, Clement Attlee, foi à frente de um grupo de estudantes da África Ocidental – empolgados com a esperança de se libertar do colonialismo –, em 1941, para dizer: "A Carta do Atlântico: ela inclui também raças escuras. Pessoas de cor e brancos compartilharão os benefícios da Carta do Atlântico de Churchill-Roosevelt". Seu primeiro-ministro, Winston Churchill, não compartilhava dessa opinião. Em 1942, ele anunciou, quando os Aliados desembarcaram no norte da África: "Não me tornei o primeiro-ministro do Rei para presidir a liquidação do Império Britânico". Os imperialistas tiveram que reconhecer o crescente poder da libertação nacional, mas não cederiam sem uma luta brutal.

Assim que Ho Chi Minh anunciou a liberdade para a Indochina em 1945, as tropas francesas voltaram a retomar a região, como fizeram na Argélia. Os britânicos lutariam brutalmente para manter a Malásia e o Quênia, mas aceitariam a divisão da Índia enquanto suas bases aéreas no norte do Paquistão permanecessem intocadas. A liberdade de bandeira era permitida, mas os países recém-libertados estavam sob pressão econômica e política para se juntar rapidamente às alianças militares imperialistas. Em 1965, depois de ter sido derrubado em um golpe, o primeiro líder de Gana, Kwame Nkrumah, escreveu um livro chamado *Neocolonia-*

---

[8] Franklin Delano Roosevelt, 32º presidente dos EUA (1933-1945). (N. T.)

lismo; esse era o clima do novo período. A principal contradição nos anos posteriores a 1945 não estava no eixo Ocidente-Oriente, a Guerra Fria, mas entre o Norte-Sul, a guerra imperialista contra a descolonização.

Roosevelt viu que a base estrutural da divisão Norte-Sul, ou mais propriamente da divisão Ocidente-Sul, era a guerra. Em 1943, quando visitou a Gâmbia, então uma colônia britânica, após a Conferência de Casablanca com Churchill, Roosevelt observou: "O fato é que o sistema colonial significa guerra. Explorar os recursos de uma Índia, uma Birmânia, um Java; tire toda a riqueza desses países, mas nunca devolva nada a eles, como educação, padrões de vida decentes, requisitos mínimos de saúde – tudo o que você está fazendo é armazenar o tipo de problema que leva à guerra". Este não era um princípio moral elevado, mas um reconhecimento da realidade. Roosevelt havia visto essa pressão vinda da América Latina, que o levou à Política da Boa Vizinhança de 1933, que prometia não intervenção no hemisfério em troca de atrair recursos para os esforços de guerra. A pressão dos movimentos de libertação nacional e a resistência à intervenção (na Nicarágua e no Haiti) forçaram os imperialistas a aceitar a mudança no equilíbrio de forças. Até a Gâmbia, que nem sempre é elencada entre as principais nações na linha de frente do movimento anticolonial, abrigava o Sindicato de Bathurst, que – com alguma assistência da Liga contra o Imperialismo – liderou uma greve geral em 1929-1930. Essa greve assustou Londres, onde as autoridades tentaram apressadamente controlar a situação reconhecendo os direitos dos sindicatos e tentando comprar líderes sindicais (através do Memorando de Passfield de 1930). Mas, como escreveu o líder comunista George Padmore em *The life and struggle of negro toilers* [*A vida e a luta dos negros trabalhadores*], essas greves – inclusive na Gâmbia – estavam "assumindo cada vez mais um caráter anti-imperialista".

Os nativos disseram ser parte do universal. Isto tinha de ser reconhecido.

A carta das Nações Unidas

Em 1945, as Nações Unidas passaram a existir. Na reunião de fundação, em São Francisco, foi redigida uma Carta que articulava os mais altos princípios de política e relações internacionais. A Carta da ONU partiu dos esforços fracassados da Liga das Nações, cujos documentos lutavam para chegar a um acordo entre as complexidades da jurisdição universal e a realidade de um mundo colonizado.

Sobre as cinzas de Dresden e Hiroshima, os Aliados formaram as Nações Unidas. O poder seria exercido pelos cinco membros permanentes do Conselho de Segurança: China, França, URSS, Reino Unido e Estados Unidos. A Carta da ONU adotou a preocupação da Liga das Nações de como as "grandes potências" devem ser responsáveis pela segurança internacional. No artigo 39 da Carta, os poderes acordaram que seria o Conselho de Segurança da ONU que "determinaria a existência de qualquer ameaça à paz, quebra da paz ou ato de agressão" no mundo. No Conselho, os cinco membros permanentes teriam um veto sobre a tomada geral de decisões; era um conselho dos cinco e não dos 51 membros fundadores da ONU. No artigo 41, a Carta estabelece que é o Conselho de Segurança que "decidirá sobre as medidas que, sem envolver o emprego de forças armadas, deverão ser tomadas para tornar efetivas suas decisões". A ONU disse que essas medidas podem incluir "interrupção completa ou parcial das relações econômicas, dos meios de comunicação ferroviários, marítimos, aéreos, postais, telegráficos, radiofônicos, ou de outra qualquer espécie e o rompimento das relações diplomáticas". Essa é uma longa justificativa legal para a política de sanções que se tornaria mais severa em nossos dias.

Se essas medidas não funcionassem, o artigo 42 do Capítulo VII permitia que os "Estados membros" usassem a força armada contra nações soberanas. Alguns "Estados membros" tinham mais poder do que outros, mas um deles buscava poder preponderante; era os Estados Unidos.

É importante reconhecer que a Carta da ONU forneceu a estrutura legal para o intervencionismo desregrado. Os cinco membros permanentes do Conselho de Segurança da ONU, e não os quase 200 Estados da Assembleia Geral da ONU, têm o poder de decidir quando e como intervir contra Estados soberanos. De 1945 a 1989, a URSS operou como um guarda-chuva contra o uso totalmente ilegal dessas brechas da ONU, mecanismos para oferecer aos antigos Estados coloniais uma porta dos fundos para continuar suas guerras coloniais de forma moderna. A importância desse escudo apareceu na primeira década de operações da ONU. A URSS boicotou o Conselho de Segurança porque esta não substituiu o delegado nacionalista chinês pelo delegado da República Popular da China; durante esse período, o Ocidente armou a ONU para autorizar sua intervenção na Coreia do Sul contra as forças comunistas no Norte. A URSS reverteu seu boicote como consequência da incapacidade em vetar a ação da ONU e retornou à Organização. Os primeiros 56 vetos no Conselho de Segurança da ONU foram feitos pela URSS. A importância do escudo vem principalmente da questão anticolonial, de libertação nacional. Foi a URSS que usou seu veto para defender o processo de libertação nacional, das lutas dos palestinos às lutas na Rodésia do Sul, das lutas pela liberdade sul-africana à guerra de libertação no Vietnã.

Em 1953, Henry Cabot Lodge Jr. foi nomeado embaixador dos Estados Unidos na ONU. Ele ficou horrorizado com a maneira como as novas nações que saíram do colonialismo tinham uma atitude positiva em relação à URSS. Lodge criou um Conselho de Estratégia Psicológica para aconselhá-lo sobre como fazer os soviéticos parecerem ser os imperialistas. Arthur M. Cox, que mais tarde chefiaria o Instituto Brookings, escreveu negativamente sobre os planos de Lodge. "Acho que cometemos um grande erro como nação ao supor que, pelo poder e pela subversão dos soviéticos, eles são o maior problema que enfrentamos hoje", escreveu ele em um memorando em 1953: "eles são também o maior problema enfrentado por todos os outros". Cox era um liberal que respeitava a realidade. "Nenhuma quantidade de histórias de horror demonstrando os crimes do Kremlin convencerá milhões de pessoas no mundo livre de que o comunismo de inspiração soviética é o principal problema, porque eles sabem – acrescentando bruscamente – que não é". Lodge era surdo a isso. Ele entendeu que, se os Estados Unidos atacassem a URSS usando seu vasto aparato cultural – da mídia aos filmes –, eles poderiam ter sucesso. "Pinte os soviéticos como imperialistas", foi o programa final do Conselho de Estratégia Psicológica, chame-os de "novos colonialistas". "Enquanto a União Soviética prega sua preocupação pela libertação dos povos dependentes", escreveram as autoridades estadunidenses, "ela converte impiedosamente todos os territórios, sobre os quais adquiriu domínio, em vassalos do Estado soviético". Isso foi escrito em agosto de 1953, enquanto a CIA derrubava o líder democrático do Irã, Mohammed Mosaddeq.

Eu sou pela América

A expressão usada no Departamento de Estado dos EUA em seus primeiros anos era "centro e raios".[9] Os Estados Unidos são o centro e seus aliados são os raios. Na primeira década após a Segunda Guerra Mundial, a França e a Grã-Bretanha – as duas antigas potências imperiais – pensaram que poderiam recuperar seu lugar de primazia. Isso não iria acontecer. Tanto a França quanto a Grã-Bretanha conduziram guerras coloniais de forma debilitada, da Malásia à Argélia, do Vietnã à Guiana. A chave aqui foi a ascensão do nacionalismo árabe, que ameaçava o antigo poder colonial; o Egito de Nasser deu apoio às lutas revolucionárias argelinas contra os franceses e às batalhas iraquianas contra o velho rei. Essas forças de libertação nacional precisavam ser derrotadas para que os antigos países coloniais mantivessem seu poder. A tentativa

---

[9] Em inglês, *hub and spokes*. (N. T.)

da França e do Reino Unido de afirmar o poder sobre o Canal de Suez e prejudicar o papel da libertação nacional árabe – com a assistência de Israel – fracassou em 1956; foi o último suspiro da Europa liderando o caminho. Os Estados Unidos estavam furiosos. Puniram o velho mundo e aproveitaram a situação para afirmar sua autoridade. Tanto a Grã-Bretanha quanto a França tomaram seus lugares como raios do centro, os EUA.

De todas as principais potências industriais, os Estados Unidos foram os menos afetados pelas depredações da Segunda Guerra Mundial. Nenhuma de suas cidades havia sido atingida por bombas e nada de sua considerável base produtiva foi destruída; seus cientistas e engenheiros aprimoraram suas habilidades para aumentar a produtividade fabril nos EUA e desenvolver rapidamente a capacidade tecnológica de avançar à frente do resto do mundo. O total de baixas americanas na Segunda Guerra Mundial ficou em pouco mais de 400 mil. Sem dúvida, os EUA – com suas enormes vantagens industriais e tecnológicas e seu poder militar – surgiram após a Segunda Guerra Mundial como poder preeminente; não foi difícil para Nitze exigir "poder preponderante", poder eterno sobre o planeta.

Enquanto isso, somente na Batalha de Stalingrado, 1,2 milhão de cidadãos soviéticos foram mortos. A indústria soviética foi duramente atingida quando os nazistas bombardearam a base industrial da URSS. Perto de 32 mil empresas industriais foram colocadas fora de produção durante a Segunda Guerra Mundial; isso representava mais de 80% da base industrial localizada nas principais áreas da Bielorrússia e da Ucrânia. A manufatura que foi rapidamente transferida para o oeste da Sibéria foi principalmente para a produção de guerra. O estoque de capital caiu 30%. Em 1942, dois terços da renda nacional soviética foram alocados ao esforço de guerra, com o consumo das famílias caindo de 74% da renda nacional, em 1940, para 66% de uma renda nacional muito reduzida, em 1945. No final da guerra, o cidadão soviético médio perdeu 25 anos de ganhos devido ao custo da guerra.

Quando recebeu a oferta, uma quantia muito pequena do Plano Marshall – menos do que foi dado à Alemanha, o principal país beligerante da guerra –, a URSS recusou o dinheiro e confiou na sua própria população para gerar recursos. A URSS não estava em posição de exercer seu poder em todo o mundo, exceto pelo prestígio conquistado pelo povo soviético por sua resistência obstinada à *blitzkrieg* nazista e pelo impacto global dos comunistas na resistência antifascista.

Não apenas a Europa foi destruída e a URSS enfraquecida, mas também o foram vastas extensões do norte da África e da Ásia.

Quando a guerra começou a acabar, ficou claro que os Estados Unidos emergiriam como o país mais poderoso: seu núcleo industrial era robusto, sua moeda era forte e suas indústrias culturais não haviam sofrido o trauma da guerra.

Um ano antes do fim da Segunda Guerra Mundial, em 1944, os Estados Unidos receberam funcionários dos governos de todo o mundo em Bretton Woods (New Hampshire) para uma conferência sobre a nova ordem mundial. Ficou claro que não era uma conferência de iguais, mas uma reunião para ditar termos de rendição. O futuro da Europa tinha que ser resolvido antes que os EUA pudessem enfrentar o resto do mundo. A Europa não estava apenas falida, mas suas várias moedas não tinham valor (muitas delas estavam ligadas ao marco nazista); os Estados Unidos atrelaram as moedas europeias ao dólar, que foi atrelado ao preço do ouro (à taxa de US$ 35 por onça). A partir desta conferência, surgiram o Banco Mundial e o Fundo Monetário Internacional. Seus objetivos eram reconstruir um mundo destruído e estabilizar a turbulência capitalista.

Em Bretton Woods, a delegação dos EUA chegou para minar o poder europeu. Já no artigo VII do Acordo de *Lend-Lease* [empréstimo e arrendamento], em março de 1941, os Estados Unidos haviam deixado claro para os britânicos que seu sistema de "preferências imperiais", pelo qual a Grã-Bretanha dominava a vida econômica de suas colônias em detrimento de outras potências coloniais, tinha que terminar. A Grã-Bretanha, em dívida e desesperada, teria que tomar o seu lugar logo atrás dos Estados Unidos, não à frente. O senador Robert Wagner, que era o presidente do Comitê Bancário do Senado, disse ao secretário do Tesouro dos EUA, Robert Morgenthau, e seu associado Harry Dexter White, em Bretton Woods, que as cotas europeias no Banco e no Fundo não deveriam ser aumentadas porque eles ainda possuíam colônias. White disse: "Acho que a rainha da Holanda ficaria muito perturbada se você fizesse alguma coisa" em relação às Índias Orientais Holandesas. Wagner respondeu: "A rainha? Ela é uma rainha, mas ela não é a minha rainha. Eu sou pela América". Em fevereiro de 1947, o secretário de Estado dos EUA, Dean Acheson, disse: "Restam apenas dois poderes. Os britânicos estão acabados". Ele poderia muito bem ter dito que todas as antigas potências coloniais estavam morrendo lentamente; com os soviéticos em sérios problemas, era mais acertado dizer que os Estados Unidos emergiram da guerra como os primeiros entre desiguais.

Em 1947, George C. Marshall, Secretário de Estado dos EUA, deu uma palestra na Universidade de Harvard sobre o que seria o chamado Plano Marshall. Os Estados Unidos prometeriam US$12 bilhões aos europeus para reconstruir seu continente. Enquanto isso, instaram os Estados europeus a formarem algum tipo de unidade política, "algum acordo entre os países da Europa", disse Marshall. A pressão dos EUA levou à criação do Comitê de Cooperação Econômica Europeia, que, em 1948, se tornaria a Organização de Cooperação Econômica Europeia, um dos primeiros grandes organismos pan-ocidentais da Europa. A "Europa" nasceu em Harvard.

Não há dúvida de que, quando Nitze escreveu seu memorando em 1952, os Estados Unidos haviam exercido "poder preponderante" sobre a Europa Ocidental. Em 1949, por iniciativa dos Estados Unidos, as potências da Europa Ocidental aderiram à Organização do Tratado do Atlântico Norte (Otan); a Otan era o aspecto militar da unificação europeia sob a égide dos EUA, um movimento – como disse Acheson – "completamente fora da nossa história".

Não havia parceria neste processo. Os EUA ditaram os termos. Eles tinham o dinheiro, e tinham a capacidade industrial.

Lorde John Maynard Keynes foi a Bretton Woods e depois a Savannah (Geórgia) para assinar os termos da rendição. Ele perguntou se o Fundo Monetário Internacional e o Banco Mundial poderiam pelo menos estar situados em Nova York, para que não estivessem sob a influência total do Departamento do Tesouro dos EUA. O secretário do Tesouro dos EUA, Fred Vinson, disse que eles teriam que estar em Washington, "essa foi uma decisão final cujos méritos eles não estavam preparados para discutir". Lorde Keynes, perturbado, voltou para casa em Londres e morreu.

A Europa Ocidental seria, a partir de então, um dos raios para a projeção do poder dos EUA.

Solidariedade com os EUA contra o comunismo

As organizações através de tratados foram mecanismos para a criação dos raios. O pioneiro foi a Organização dos Estados Americanos (OEA), criada em 1948, dentro do que os Estados Unidos consideravam há muito tempo seu "quintal". A primeira reunião da OEA foi realizada em Bogotá (Colômbia); não deixou dúvidas sobre quem estava no comando quando sua sede foi estabelecida em Washington, no antigo prédio da União Pan-Americana. Em 1º de novembro de 1947, um memorando da CIA preocupava-se com os "objetivos soviéticos na América Latina". Essa preocupação definiu a formação da OEA. O secretário de Estado dos EUA, Marshall, não foi à Colômbia apenas com um talão de cheques; ele foi com o arsenal completo de anticomunismo que havia varrido Washington.

Enquanto Marshall estava sentado com líderes de alguns dos Estados do hemisfério, um homem armado matou a tiros, em 9 de abril de 1948, Jorge Gaitán, candidato à presidência que era um defensor dos pobres da Colômbia; não muito longe, uma missão do Banco Mundial liderada por seu presidente, John J. McCloy, estava na cidade para fornecer a cobertura intelectual não para um Plano Marshall, mas para aprisionar a economia da Colômbia na teia de corporações transnacionais dos EUA e nas contas bancárias da oligarquia colombiana. As pessoas foram às ruas de Bogotá, frustradas com o assassinato de Gaitán; inquietação conhecida como *Bogotazo*. Marshall, dentro da reunião da OEA, disse que esses protestos foram "a primeira tentativa comunista importante no hemisfério ocidental". Ele estava errado sobre isso. Foi um outro suspiro de um país que enfrentou, desde 1948, uma terrível fase de violência conhecida, precisamente, como *La Violencia*; a oligarquia colombiana simplesmente não permitiria que as massas entrassem na história e usaram, portanto, todo o arsenal do poder do Estado para eliminar a esperança de seu país. Em nome do anticomunismo, a oligarquia colombiana subordinou-se a Washington.

O centro de conferências foi "completamente arrasado", observou Marshall. "Registros da conferência e equipamentos destruídos". A cidade, disse ele aos delegados que se encontraram na residência do delegado hondurenho, está em "desordem e os incêndios ainda estão queimando". Enquanto ele falava, a classe dominante colombiana se uniu para formar um governo liberal conservador e prendeu os comunistas, que mais tarde foram libertados por falta de provas. No entanto, um estudo do Conselho de Relações Exteriores dos EUA de 1949 manteve o caso, dizendo: "ficou claro que os comunistas se aproveitavam do surto, se eles, na verdade, não o iniciaram. Eles fizeram o possível para interromper e desacreditar a conferência". Os EUA jogaram suas cartas com eficácia. "Muitos governos latino-americanos estavam genuinamente preocupados com a ameaça do comunismo à ordem existente. Praticamente todos eles viram que não poderiam perder nada e poderiam ganhar algo declarando sua solidariedade com os Estados Unidos contra o comunismo". O Ato Final da

Nona Conferência Internacional dos Estados Unidos, de Bogotá, assinado pelas classes dominantes da América Latina, prometeu "impedir que os agentes a serviço do comunismo internacional ou de qualquer doutrina totalitária procurem distorcer a verdade e o livre arbítrio dos povos deste continente", ou seja, ser governado por uma casta oligárquica. Então, na última parte da Ata Final, vem o idioma das epidemias – as oligarquias da América Latina "continuarão uma troca completa de informações" sobre os comunistas e tomarão as "medidas necessárias para erradicar e impedir atividades" dos comunistas. Erradicar é uma palavra que assume um significado especial, dados os *pogroms*[10] contra a esquerda no hemisfério.

Alguns dias antes do assassinato de Gaitán, dois jovens cubanos foram presos em Bogotá por distribuir panfletos que desejavam reviver a esperança em sua região. Seus folhetos pediam quatro objetivos: a derrubada da ditadura cruel de Raul Trujillo na República Dominicana, a independência de Porto Rico, o retorno das ilhas Malvinas da Grã-Bretanha à Argentina e o fim do controle estadunidense do Canal do Panamá. Essas eram exigências básicas da era do anticolonialismo. Os dois estudantes eram Fidel Castro e Rafael del Pino Siero. Eles foram a Bogotá para ajudar a organizar uma reunião de estudantes latino-americanos. Quando foram libertados, souberam que Gaitán havia sido assassinado. Fidel, empunhando uma barra de ferro, juntou-se ao protesto. "Essas experiências", disse ele mais tarde a Katiuska Blanco Castiñeira, "me ensinaram sobre a luta de massas".

A OEA, os oligarcas latino-americanos e o governo dos EUA (por meio de agências multilaterais como o Banco Mundial) estabeleceram os termos para o hemisfério e para seus raios. Estes

---

[10] Historicamente, o termo refere-se aos violentos ataques físicos da população contra os judeus, tanto no império russo, onde o termo se notabilizou, como em outros países. Metaforicamente, significa perseguição a determinados grupos sociais, étnicos ou políticos. (N. T.)

chegaram rápida e furiosamente ao redor do mundo. Os EUA iniciaram a criação da Organização do Tratado do Atlântico Norte (Otan) em 1949; da Organização do Tratado do Sudeste Asiático (Seato) em 1954 (Pacto de Manila) e da Organização do Tratado Central (Cento) em 1955 (Pacto de Bagdá). Essas "organizações de tratados" foram criadas para unir os Estados pós-coloniais em um abraço estreito com os Estados Unidos e cercar a URSS, a República Popular da China (RPC), a República Democrática do Vietnã e a República Democrática da Coreia. Em fevereiro de 1950, a URSS e a RPC assinaram um Tratado de Amizade, Aliança e Assistência Mútua. Isto é o que tinha que ser minado.

Nenhum comunista em governos. Ou então...

Os raios tiveram que ser modelados. Essa foi uma guerra de classes. As classes que favoreciam o imperialismo eram frequentemente as antigas aristocracias, a oligarquia fundiária e os capitalistas emergentes; elas foram unidas por forças da tradição – como ordens religiosas hierárquicas – que entendiam claramente que seriam empurradas pelo socialismo e pelo comunismo. O dono da fábrica, o barão, o senhorio e o padre correram para ajudar e serem assistidos pela CIA e seus amigos. São esses grupos que conspiraram com as forças imperialistas para vencer seus adversários de classe. Era classe contra classe nos anos imediatos após a Segunda Guerra Mundial, com a CIA ajudando as elites no poder a manter suas propriedades e privilégios contra a democracia. Os raios foram estabelecidos nessa guerra de classes.

Se os partidos dos trabalhadores e camponeses chegassem perto do poder, ou se eles assumissem o poder, ou se desafiassem o domínio dos imperialistas, teriam que ser impedidos ou expulsos dos cargos. Os instrumentos mais comuns usados pelos Estados Unidos – sem nenhum mandato da ONU ou do Direito Internacional – foram a interferência nas eleições e o golpe de Estado.

Aqueles que pareciam ser aliados óbvios tiveram que ser alinhados. Era uma pena para o imperialismo que seus aliados naturais na Europa tivessem colaborado com os nazistas, enquanto seus inimigos decisivos – os comunistas – haviam desempenhado papéis heroicos na luta contra o nazismo. Os comunistas, da França à Iugoslávia, tinham maior popularidade. Nesta guerra de classes, os comunistas tiveram que ser destruídos e as antigas elites sociais – até os nazistas – tiveram que ser reintegradas ao poder. Na Alemanha Ocidental, a CIA ficou muito feliz em trabalhar com um oficial de inteligência nazista, Reinhard Gehlen, que formou a Organização Anticomunista de Gehlen, que então foi essencialmente absorvida pelo Serviço Federal de Inteligência da Alemanha Ocidental, que Gehlen dirigia. Não havia vergonha em ter um nazista como o principal trunfo da CIA na Alemanha Ocidental, nem pelo fato de que ele tinha sido o homem que fundou e dirigiu a inteligência da Alemanha Ocidental apenas uma década após o Holocausto.

Um memorando da CIA de 1949 admitiu que os comunistas albaneses nas brigadas partidárias da Frente de Libertação Nacional "lutaram com eficácia". Na vizinha Iugoslávia, os partidários do Marechal Tito derrotaram os nazistas com pouco apoio externo. O mesmo poderia ser dito da Grécia, onde o Partido Comunista formava a maior parte da resistência antifascista. Nas eleições legislativas de 1945 na Albânia, os comunistas – como Frente Democrática – conquistaram todos os assentos. Observadores dos Estados Unidos e da Grã-Bretanha admitiram de má vontade que se tratava de uma eleição justa. Seus albaneses favoritos haviam cooperado com os fascistas; ninguém queria votar neles. Seus ouvidos foram tocados pela canção da resistência – *Hakmarrje Rini* – na qual a voz de um jovem *partisan*[11] pede vingança; não haveria colaboração de classe com os albaneses que dançaram ao lado dos nazistas. Essa atitude também marcava o Partido Co-

---

[11] Integrante da resistência. (N. T.)

munista Grego (KKE), que não tinha qualquer disposição para criar um governo de unidade nacional que incluísse colaboradores. Eles entraram nas colinas como Exército Democrático da Grécia e travaram uma guerra civil entre 1946 e 1949. O governo de direita de Konstantinos Tsaldaris foi banhado em monarquismo e gangsterismo (com sua organização de tipo mafiosa, *parakatos*, nas ruas), mas também foi energizado com dinheiro e apoio de Washington. Dólares despertaram o cadáver do bloco político reacionário europeu. Havia permissão para usar a força máxima contra os comunistas. Washington lidaria com a mídia internacional em nome desse governo fascista.

O mesmo tipo de equação política era necessário no distante Japão. Lá, as elites foram todas comprometidas por seu papel na guerra brutal na Ásia e depois na Segunda Guerra Mundial. Os Estados Unidos orientaram as eleições antecipadas em 1946, 1947, 1949 e 1952. As forças de ocupação dos EUA lutaram para trazer a extrema direita (Partido Liberal) e os liberais (Partido Democrata) em coalizão contra os socialistas. Nas eleições gerais de 1947, o Partido Socialista venceu e seu líder, Tetsu Katayama, serviu como primeiro-ministro por um ano. Um mês após sua chocante vitória, os democratas e os liberais formaram o Partido Liberal Democrático, cuja criação foi motivada pelo Departamento de Estado dos EUA e financiada pela CIA. O Partido Liberal Democrático absorveu velhos fascistas (Ichiro Hatoyama e Nobusuke Kishi) e desenvolveu laços duradouros com grandes empresas e com o crime organizado (Yoshio Kodama), governando o Japão por 38 anos.[12] Qualquer estima que houvesse pelos socialistas japoneses e pelos comunistas tinha que ser minada. O Japão tornou-se um dos principais raios do centro, os EUA.

---

[12] O Partido Liberal Democrático se tornaria depois o Partido Liberal em 1950, e, posteriormente, Partido Democrático Liberal, em 1955. (N. T.)

Aparentemente os candidatos mais óbvios a se tornarem subordinados dos Estados Unidos e das corporações transnacionais seriam França, Itália e Alemanha – os três aliados ocidentais mais importantes das próximas décadas. Mas não foi esse o caso. Na França e na Itália, os comunistas emergiram como as forças políticas mais poderosas – em grande parte por causa de sua liderança na resistência antifascista. O secretário de Estado dos EUA, Marshall, disse aos primeiros-ministros da França (Paul Ramadier) e da Itália (Alcide De Gasperi) que ele não enviaria um cheque aos países se eles mantivessem os comunistas em seus ministérios. Na Itália, o líder comunista Fausto Gullo, como ministro da Agricultura, havia iniciado profundas reformas no campo, incluindo reformas fundiárias básicas que haviam sido bloqueadas por uma antiga aliança entre os proprietários e a máfia. Mesmo o conservador De Gasperi não conseguiu controlar Gullo. Na França, os comunistas conquistaram um quarto dos votos e desempenharam um papel fundamental no governo socialista de Ramadier. "Eu disse a Ramadier", escreveu Marshall em seu diário, "nenhum comunista no governo. Ou então...". Foi uma ameaça direta. Uma onda de greves na França e um ataque da máfia contra militantes comunistas na Itália deram aos dois primeiros ministros a desculpa que precisavam. Os comunistas foram removidos do governo. Washington abençoou os primeiros-ministros e depois os pagou. O dinheiro não veio apenas do Tesouro dos EUA. Veio também das corporações transnacionais. A Exxon Corporation contribuiu com quase US$ 50 milhões para os democratas-cristãos na Itália de, 1963 a 1972. Esse foi um golpe suave contra os comunistas.

Foi um trabalho caro de ferramentaria;[13] no final, os raios estavam prontos e eles – por causa de seus interesses de classe – permaneceram leais pelas próximas décadas.

---

[13] Em inglês, *tool-and-die*, expressão que diz respeito ao trabalho de produção de ferramentas e de seus moldes. (N. T.)

Nada pode ser permitido

Em maio de 1943, a URSS dissolveu a Internacional Comunista. A União Soviética – em meio à invasão nazista – queria aplacar os Estados Unidos e a Grã-Bretanha; a URSS queria que os Aliados abrissem outra frente na Europa para aliviar a pressão do ataque nazista. Em setembro de 1943, os Aliados finalmente desembarcaram na Itália. Após a guerra, a URSS criou um Escritório de Informação dos Partidos Comunistas e Operários (Cominform) para reunir seus aliados ao longo do extremo leste da Europa (mas incluindo franceses e italianos). Nenhum partido comunista do mundo colonizado era membro do Cominform. Em vez disso, eles se tornariam parte de organizações comunistas setoriais, como a Federação Democrática Internacional das Mulheres, a Federação Mundial da Juventude Democrática, o Conselho Mundial da Paz e a Associação Internacional de Advogados Democratas. Essas frentes de massa forneceram os principais contatos para os comunistas e seus aliados no período imediato após a guerra; mas não havia mais a Internacional Comunista para usar os recursos da URSS para espalhar a revolução no mundo. As revoluções que ocorreram, como no Vietnã (1945), tiveram sua própria dinâmica, com o mínimo de assistência dos soviéticos.

A principal contradição no período depois da Segunda Guerra Mundial não foi entre as potências capitalistas – lideradas pelos Estados Unidos – e a URSS, o que ficou conhecido como Guerra Fria. O presidente dos EUA, Harry S. Truman, que havia autorizado o uso das bombas nucleares no Japão, formulou uma doutrina, em 1947, para usar todo e qualquer meio para derrotar – ou pelo menos conter – a disseminação da influência soviética e do comunismo. Foi essa Doutrina Truman que autorizou o uso de ativos dos EUA para interferir nas eleições na Grécia, França e Itália, e seria a Doutrina Truman que justificaria o uso, pelos Estados Unidos, de guerras assimétricas e híbridas contra o processo de descolonização. A principal contradição desse novo período estava entre as forças da descolonização (que incluíam a URSS quando se aliava aos movimentos de libertação nacional anticolonial) e o imperialismo. Essa contradição – entre o Norte e o Sul – e não a Guerra Fria – entre o Oriente e o Ocidente – moldou o caráter do imperialismo liderado pelos EUA.

Em 1953, o Conselho de Segurança Nacional (NSC) dos EUA produziu um relatório que falou abertamente dos interesses dos EUA no mundo. Os Estados Unidos, observava o NSC, devem garantir que "nada possa interferir substancialmente na disponibilidade de petróleo dessas fontes para o Mundo Livre". Tratava-se da região do Golfo, que já havia se tornado uma importante produtora de petróleo para o capitalismo movido a combustíveis fósseis. Os Estados Unidos devem fazer "todos os esforços para garantir que esses recursos estejam disponíveis e sejam usados para fortalecer o Mundo Livre".

Esse termo foi fundamental para Truman – o Mundo Livre. O termo surgiu durante a Segunda Guerra Mundial para se referir aos países que lutaram contra o fascismo, embora muitos desses países, como Grã-Bretanha e França, possuíssem colônias onde mantinham regimes autoritários. Os Estados Unidos, governados por Truman, armaram o termo por meio de uma campanha maciça de guerra psicológica, que incluiu a Campanha da Verdade de Truman, de 1950, e a publicação bastante celebrada de *As origens do totalitarismo* (1951), de Hannah Arendt, que defendia a identidade entre o fascismo e o comunismo. Essas eram ideologias totalitárias e não livres, enquanto o liberalismo ocidental era idêntico à liberdade. O "Mundo Livre" era o mundo liderado pelos Estados Unidos. O que os EUA defendiam era a liberdade; seus adversários eram as forças contra a liberdade.

Portanto, nesta prisão de guerra psicológica, é perfeitamente aceitável que o Mundo Livre reivindique recursos do mundo colonizado, que deve ser forçado a render sua riqueza em prol da liberdade de outra pessoa.

Em 1950, Truman escreveu ao monarca saudita, Abdul Aziz Ibn Saud, sobre a renovação dos direitos dos EUA à base aérea de

Dharan, um projeto militar que garantiria a lealdade da Arábia Saudita aos EUA. Debaixo de tudo isso estava o petróleo. Truman elogiou o rei por sua "liderança iluminada" e pelo papel da Arábia Saudita como "baluarte da paz para a região do Oriente Próximo". Esse líder "iluminado" enfrentou sérias lutas trabalhistas na região petrolífera da Arábia Saudita a partir de junho de 1945, que se aprofundaram em 1953. Os comunistas desempenharam um papel fundamental nessas mobilizações as quais ameaçavam a companhia de petróleo saudita-americana Aramco. A liderança esclarecida podia usar qualquer meio contra os trabalhadores, particularmente contra os comunistas, se isso significasse o rápido envio de petróleo para o Ocidente. A monarquia saudita foi ameaçada por seus próprios trabalhadores e seus próprios comunistas; mas usou a Guerra Fria para estreitar seus laços com os Estados Unidos. A base aérea de Dharan está localizada na região petrolífera, e, portanto, o acordo de manter aí tropas dos EUA garantia salvaguardas contra qualquer rebelião liderada pelos comunistas. Nesse mesmo ano, os sauditas concordaram em dividir os lucros do petróleo na Aramco meio a meio entre os Estados Unidos e os sauditas. Esse era o preço que os sauditas estavam dispostos a pagar; eles preferiram drenar seus recursos para os Estados Unidos para manter seu poder em vez de compartilhar os benefícios dos recursos com os petroleiros. A monarquia saudita se vinculou aos Estados Unidos através do Tratado de Assistência Mútua em Defesa, de 1951. A defesa da monarquia saudita, e de seus campos de petróleo, ficou a cargo do governo dos Estados Unidos.

Nada pode ser permitido, disse o documento do NSC de 1953, nem agitação trabalhista em Qatif, nem organizações comunistas, nem mesmo os elementos básicos do "Mundo Livre", como imprensa livre e direito à livre associação. Uma greve de petroleiros, em junho de 1956, foi esmagada com toda a força do aparato saudita; os jornais que surgiram foram fechados e os líderes trabalhistas e ativistas comunistas foram presos por muito tempo. O petróleo tinha que fluir. Era a liberdade do petróleo que importava, não a liberdade do povo. A liberdade dele não podia ser permitida.

Projeto terceiro-mundista

Os golpes instigados pelos EUA contra o Irã (1953) e a Guatemala (1954) ocorreram quando o bloco do Terceiro Mundo não estava totalmente estabelecido; a conferência de Bandung dos Estados pós-coloniais da África e da Ásia ocorreu apenas em 1955. Os soviéticos fizeram suas objeções na ONU, mas a disputa sino-soviética já estava em andamento e enfraqueceria gravemente a "zona vermelha" em sua capacidade de resistir rapidamente a esses tipos de manobras. Depois de Bandung, o bloco do Terceiro Mundo se tornou mais forte e conseguiu atrair os soviéticos como um escudo mais confiável.

Em dezembro de 1960, a Assembleia Geral das Nações Unidas aprovou uma resolução sobre descolonização. "O processo de libertação" – concordaram as nações do mundo – "é irresistível e irreversível". Esta resolução foi o resumo de grandes lutas, de Cuba ao Vietnã, da Indonésia ao Egito. Ao longo da década de 1960, um amplo entendimento surgiu no antigo mundo colonial sobre a necessidade de liberdade em relação ao colonialismo e ao imperialismo. A intensidade das várias lutas de libertação nacional diferia com base no alinhamento de classe de suas organizações dirigentes. Foi essa diferença que fraturou as novas nações no mundo anticolonial. Havia Estados inclinados para a direita e outros para a esquerda, mas cada um deles – da Arábia Saudita à Tanzânia – permaneceria dentro do Movimento dos Não Alinhados (NAM), criado em 1961. Em 1973, até os Estados de direita reconheceriam a agenda radical definida pelo NAM em sua Nova Ordem Econômica Internacional (Noei). De fato, mesmo países como a Arábia Saudita e o Brasil – mergulhados em monarquias e ditaduras militares – viam mérito no argumento de que a ordem econômica e política global precisava ser reformada.

Novos Estados que conquistaram sua independência após a Segunda Guerra Mundial se reuniram em Bandung (Indonésia), em 1955. Lá, eles expuseram os esboços do que seria considerada uma política externa "não alinhada". Estes eram Estados liderados por movimentos políticos que representavam uma gama de alinhamentos de classes e, portanto, de políticas domésticas. Houve, no entanto, amplo acordo contra os perigos da guerra (particularmente, da guerra nuclear) e a criação do contexto para uma agenda nacional de desenvolvimento. Foram esses Estados – principalmente o Egito, a Índia e a Iugoslávia – que abriram caminho para a criação do Movimento dos Não Alinhados em 1961 e, no mesmo ano, do Comitê dos 24 ou o Comitê de Descolonização das Nações Unidas. Esse movimento inter-Estados teve um equivalente nas Nações Unidas através do Grupo dos 77 (G77), formado em 1964 na Conferência de Comércio e Desenvolvimento da ONU. Foi a partir dessa agenda que o núcleo da Noei foi formulado: subsídios e tarifas para aumentar as economias nacionais, cartéis para proteger os preços dos minerais exportados, financiamento preferencial para contornar as taxas proibitivas estabelecidas pelos bancos e assim por diante.

Em meados da década de 1960, o NAM foi desafiado pelos flancos direito e esquerdo. Da direita, vieram os Estados do NAM que conformaram estreitas associações com o imperialismo, seja juntando-se aos pactos de "segurança" de Manila ou Bagdá, seja pela formação, em 1969, da Organização de Cooperação Islâmica (liderada por Arábia Saudita, Marrocos e Paquistão). Essas articulações se posicionaram contra o socialismo e o comunismo ao estilo do Terceiro Mundo. Da esquerda veio a Tricontinental, um grupo criado por Cuba, de Estados e movimentos de libertação nacional que acreditavam em uma liberdade mais plena – a ser alcançada, frequentemente, pela luta armada. A Tricontinental reuniria não apenas chefes de Estado, mas líderes de movimentos de libertação nacional de Cabo Verde ao Vietnã. Na Conferência Tricontinental de Havana, em 1966, o presidente de Cuba, Osvaldo Dorticós

Torrado, presente na fundação do NAM em Belgrado, denunciou a posição e a estratégia de conciliação ao imperialismo:

> O problema do subdesenvolvimento, mesmo de nações independentes, não pode ser resolvido com paliativos, com instituições e instrumentos técnicos que emergem de conferências internacionais. A causa do subdesenvolvimento não é outra senão a subsistência da dominação imperialista e, portanto, só pode ser superada através de uma luta contra e pela vitória total contra o imperialismo.

Estas foram palavras fortes. Na reunião do NAM de 1970, na Zâmbia, e de 1973 em Argel (Argélia), o espírito da Tricontinental seria o centro das atenções.

A revolução cubana de 1959 não pôde ser contida. Tudo o que o novo governo revolucionário liderado por Fidel Castro fez era racional e lógico, da reforma agrária ao controle dos preços da eletricidade e da habitação. Cada vez que o governo adotava uma dessas políticas razoáveis, recebia resistência dos proprietários de terras, dos proprietários cubanos e das empresas transnacionais dos EUA. Foi essa resistência que comprovou a análise marxista do capitalismo, de que o desenvolvimento social do povo é limitado pelo preconceito hediondo da propriedade privada. Não que Castro tenha chegado a Havana sendo um comunista, mas a resistência miserável dos proprietários – seja em Cuba, seja nos Estados Unidos – o transformou em comunista. Castro desafiou as empresas transnacionais de petróleo e eletricidade, e elas revidaram; mas a nova revolução cubana era teimosa, por isso conseguiu o que queria. O embargo dos EUA e o direcionamento ao comunismo foram uma consequência da impossibilidade dos Estados Unidos em tolerar um país livre no Caribe. O Haiti sofreu esse destino após sua revolução em 1791. Che Guevara estava na Guatemala quando Arbenz foi derrubado; ele sabia que não poderia confiar nos Estados Unidos e sabia que a revolução tinha que armar o povo e se defender. Índio Nabori, poeta comunista, pegou a frase de Luís XIV e a entregou ao trabalhador cubano: "O Estado, agora sou eu". Castro citou essa linha em um discurso durante uma cerimônia de formatura em 1961, quando 3 mil filhos de camponeses fizeram fila para se formar – e reivindicar o Estado como seu.

Em 1966, Castro acolheria os movimentos de libertação nacional em Havana. Entre 1960 e 1965, a CIA tentou assassinar Castro pelo menos oito vezes (Castro disse ao senador George McGovern, em 1975, que o número real era, então, 24). Até a CIA reconheceu à Comissão Church, em 1975, que havia enviado pelo menos duas vezes bandidos da máfia com pílulas, canetas e bactérias mortais para matar Castro naqueles anos; os mafiosos falharam. Em 1961, a CIA tentou invadir Cuba pela Playa Girón. A iniciativa falhou porque Castro armou o povo. E então ele se voltou para o mundo da libertação nacional, e também para o bloco socialista, para que eles lhes provessem um escudo.

Em 1966, Che Guevara estava em uma missão secreta na Tanzânia para ajudar o movimento de resistência no Congo. Che ficou desapontado. "O elemento humano falhou", ele escreveu em seu Diário do Congo. "Não há vontade de lutar. Os líderes são corruptos. Em uma palavra, não havia nada a fazer". Ele elaboraria dois livros sobre economia e filosofia antes de prosseguir para sua trágica missão na Bolívia. Tudo isso foi apoiado pelo governo cubano. A exportação da revolução, a liderança cubana acreditava, era a essência de sua revolução. Na conferência Tricontinental de 1966, Castro anunciou que esse novo órgão "coordenaria o apoio às guerras revolucionárias de libertação em todo o mundo colonizado". Cuba forneceria apoio logístico e pessoal a todos os movimentos de libertação, "dentro de suas possibilidades, onde quer que ocorram".

O imperativo da luta armada, da Tricontinental chegou completamente desenvolvido ao Partido Africano para a Independência da Guiné e Cabo Verde (PAIGC), de Amílcar Cabral, que argumentou que "não vamos eliminar o imperialismo gritando insultos contra ele. Para nós, o melhor ou o pior grito contra o imperialismo, seja qual for sua forma, é pegar em armas e lutar".

Cabral pegou em armas não por escolha, mas por necessidade. O PAIGC iniciou sua luta pela independência na Guiné-Bissau e Cabo Verde em 1956. Três anos depois, as autoridades portuguesas realizaram um massacre em Pidjiguiti, matando 50 trabalhadores portuários desarmados. Foi essa violência colonial que levou o PAIGC à luta armada, que transcorreu entre 1961 e 1974. Foi a face dura do imperialismo que moveu as lutas de libertação nacional das décadas de 1960 e 1970 para a fase armada. Foi a crueldade do imperialismo que negou as aspirações nacionais dos povos de lugares, como o Vietnã e o Congo, que levou à opção pelas armas. Um inventário dessa violência colonial incluiria a Emergência da Malásia (1948-1960), a Emergência do Quênia (1952-1960), a guerra francesa na Argélia (1954-1962), a guerra francesa no Vietnã (1946-1954), a guerra dos EUA contra o Vietnã (1954-1975), a fracassada invasão de Cuba pelos EUA em 1961 em *Playa Girón*, o assassinato em 1961 de Patrice Lumumba no Congo, a invasão dos EUA na Guatemala (1954) e na República Dominicana (1965) e o massacre dos comunistas na Indonésia (1965). Na preparação para a Tricontinental, em outubro de 1965, a inteligência francesa e a inteligência marroquina assassinaram Mehdi Ben Barka, um dos idealizadores da Tricontinental. Que tipo de futuro diferente poderia estar disponível para o Congo e para o Marrocos se o Movimento Nacional Congolês e a União Nacional de Forças Populares do Marrocos tivessem conseguido triunfar? Futuros tão diferentes enterrados com os cadáveres daqueles que haviam sido assassinados. Foi essa violência colonial que estabeleceu os termos táticos para os Exércitos de libertação nacional que chegaram a Havana em 1966. Eles não queriam violência; a violência lhes foi imposta.

A violência dos Exércitos de libertação nacional se deu, como Amílcar Cabral afirmou, "para responder à violência criminal dos agentes do imperialismo. Ninguém pode duvidar que, quaisquer que sejam suas características locais, a dominação imperialista implica um estado de violência permanente contra as forças nacionalistas". A violência é a essência do imperialismo, e é o instinto de um bloco imperialista encurralado. Foi essa violência que estava em exibição na vila vietnamita de Mỹ Lai, em março de 1968. Um soldado descreveu sua missão com brutal honestidade: "Nossa missão não era ganhar terreno ou tomar posições, mas simplesmente matar: matar comunistas, e matar o maior número possível deles. Empilhe-os 'como lenha'". Quatro anos depois, em 1972, as tropas coloniais portuguesas entraram na vila de Wiriyamu, em Moçambique, e massacraram entre 150 e 300 moradores. Antes de matá-los, as tropas coloniais portuguesas fizeram os aldeães bater palmas e se despedir.

Em 1975, os vietnamitas haviam derrotado os EUA, e Portugal foi derrotado por suas colônias africanas. Cuba conseguiu sobreviver, apesar de todas as tentativas de derrubar aquele governo. Não há dúvida de que a Revolução dos Cravos em Portugal não teria ocorrido para derrubar o Estado Novo, em 1974, sem as guerras de libertação nacional em Angola, Cabo Verde e Moçambique. Não há dúvida de que, duas décadas depois, o regime do *Apartheid* da África do Sul não teria caído sem a vitória das forças de libertação angolanas, em aliança com os cubanos contra o regime da África do Sul na batalha de Cuito Cuanavale, em 1987-1988. A democracia em Portugal e na África do Sul foi tomada pelas armas. Não foi dada pelo liberalismo. Esta narrativa está agora enterrada. Tem que ser revivida. Não apenas os sons do campo de batalha, mas também as histórias dos médicos e técnicos, dos programas revolucionários de educação em Moçambique e Cabo Verde, a tentativa de construir uma nova sociedade a partir dos detritos da ordem colonial. Esta foi a energia revolucionária que agora está esquecida.

Não foi esquecida devido à passagem do tempo. Uma condição de amnésia foi produzida pela mídia corporativa e pela profissão de redator de histórias, que se tornaram estenógrafos do poder. Houve um esforço conjunto do Ocidente para minar toda a dinâmica da descolonização, desde golpes contra o povo ganês (1966) até golpes contra o povo chileno (1973). A violência do colonizador foi lentamente justificada em termos humanitários, com o Ocidente se restabelecendo como o arquiteto da humanidade que agora precisaria administrar a violência dos nativos. O grande processo de descolonização – cujo ponto alto ocorreu nas décadas de 1960 e 1970 – tornou-se o prelúdio da pobreza e da guerra que agora destrói o antigo Terceiro Mundo. Sob as pedras do pavimento nessas terras colonizadas, não há praia.[14] Sob as pedras do pavimento, estão os cadáveres dos combatentes da liberdade.

Expor os EUA desnecessariamente

No final da década de 1950, o movimento anticolonial havia deslegitimizado a ideia de colonialismo. Os líderes da libertação nacional – mesmo quando tinham orientações políticas diferentes – lutaram para construir plataformas unitárias no cenário mundial para se oporem ao colonialismo e ao imperialismo. A instituição mais importante para eles foi as Nações Unidas, que viam como um instrumento para a luta de descolonização. Em 1961, esses Estados pressionaram por uma importante resolução da ONU que resumisse seus pontos de vista: "o processo de libertação é irresistível". Mesmo que os franceses tentassem agarrar a Argélia e os britânicos tentassem agarrar a Rodésia, o processo de libertação não poderia ser interrompido.

Os Estados Unidos sempre hesitaram antes de admitir sua própria história colonial. Há um grande mito da Revolução Americana de 1776 como uma revolução anticolonial. Vale a pena perguntar se 1776 foi uma revolução. Não houve luta de classes de nenhuma importância, nenhum movimento de baixo, dos trabalhadores, definiu o processo revolucionário, nenhuma unidade social de vários povos (europeus, africanos, nativos americanos) nessa luta. Em vez disso, houve uma atitude genocida em relação

---

[14] Referência a um dos *slogans* do movimento estudantil francês durante Maio de 1968. (N. T.)

aos povos nativos e um grande medo de uma revolta dos africanos escravizados. A guerra contra os ingleses teve como premissa o desejo dos colonos europeus de romper as Treze Colônias e conquistar todo o continente; foi uma guerra pela colonização, não uma guerra contra o colonialismo. Quando a ruptura com a Inglaterra aconteceu, nenhuma mudança real ocorreu na ordem da propriedade, com a contradição entre os capitalistas latifundiários[15] do Sul e os capitalistas industriais do Norte adiada por algumas gerações até que a Guerra Civil estourasse, em 1861.

Desde seus primeiros anos, o novo país procurava conquistar, com um homem do Kentucky dizendo, em 1810, que "seus compatriotas eram cheios de iniciativas" e "embora não sejam pobres, são gananciosos por saques, como sempre foram os antigos romanos. O México brilha em nossos olhos – a palavra é tudo o que esperamos". Eles não tiveram que esperar muito tempo. O presidente James Polk enviou as tropas americanas para o sul para reivindicar o México. O *New York Herald*, em 8 de outubro de 1847, aplaudiu os soldados:

> É uma perspectiva maravilhosa, esta anexação de todo o México. Era mais desejável que ele viesse a nós voluntariamente; mas como não teremos paz até que ele seja anexado, que venha, mesmo que a força seja necessária, a princípio, para trazê-lo. Como as virgens de Sabine, em breve ele aprenderá a amar seus adoradores.

O México perdeu um terço de seu território, incluindo o que se tornaria os estados do Arizona, Califórnia, Colorado, Nevada, Novo México, Texas e Utah. Enquanto isso, os Estados Unidos entraram na guerra de 1812 contra os britânicos para tomar o Canadá; outros esperavam entrar em guerra contra os espanhóis por Cuba e pela Flórida; outros ainda pediram o genocídio dos nativos americanos para que os colonos pudessem ter todo o continente para si ("vocês são um povo subjugado", disse o governo dos EUA aos chefes nativos em 1784). O imperialismo estaduni-

---

[15] No original, *plantation capitalists*. (N. T.)

dense nasceu não nos portos de Havana e Manila em 1898, mas no vasto território que eventualmente se estenderia de Nova York a São Francisco. Mas essa "colonização interna", com seu genocídio em larga escala dos povos nativos, não parecia totalmente colonialismo, pois era ocultada por cobertores conceituais como "expansão territorial" e "fronteira do assentamento".

Em 1823, James Monroe proferiu um discurso importante que expôs a Doutrina Monroe. Em seu discurso, Monroe deixou bem claro que os EUA eram supremos no hemisfério das Américas. Ao mesmo tempo, Monroe disse aos europeus que eles não deviam interferir política e comercialmente no hemisfério e que os EUA estavam perfeitamente dentro do seu direito de interferir na Europa (a questão aqui era a independência da Grécia). Em 1893, pouco antes de os EUA entrarem em guerra contra a Espanha para expandir suas colônias, Frederick Jackson Turner, em seu célebre discurso na fronteira, encontrou o "germe da doutrina Monroe" nas tendências coloniais dos fazendeiros do vale de Ohio, cujas guerras contra os nativos americanos e cujo impulso em direção à Califórnia e à compra da Louisiana definiram o começo "da independência definitiva dos Estados Unidos do sistema estatal do Velho Mundo, o início, de fato, de sua carreira como potência mundial". Ou, para ser franco, como Estado imperialista.

Até o papel dos EUA na guerra "Hispano-americana" está envolto na falsa premissa de que os EUA enviaram suas tropas em 1898 para Cuba, Guam, Filipinas, Porto Rico e Samoa para ajudar a libertar essas terras do império espanhol. Na verdade, os EUA absorveram esses países em sua órbita, derrotando violentamente as forças de libertação nacional em cada um desses lugares. Foi negado aos revolucionários de Cuba um papel nas negociações de paz em Paris, e o general estadunidense William Shafter não permitiu que o general Calixto Garcia participasse da rendição espanhola em Cuba. Isso simbolizava a usurpação dos ganhos daquela guerra pelos Estados Unidos. Nenhuma dessas ex-colônias espanholas foi autorizada a se tornar independente;

elas foram absorvidas às pressas no arquipélago na expansão do poder dos EUA.

Rudyard Kipling escreveu seu poema *O fardo do homem branco* (1899) para pedir aos Estados Unidos que mantivessem seu manto imperialista. É um poema bobo. Entendeu mal a postura dos EUA. Não era como se os EUA não fossem uma potência imperialista, uma vez que já o era em muitos de seus aspectos, e se tornaria efetivamente uma nas próximas décadas. O que Kipling não reconheceu foi que os principais líderes políticos dos Estados Unidos mascararam seu imperialismo em várias formas de anti-imperialismo. Albert Beveridge, senador dos EUA por Indiana, escreveu um tratado com esse tema "For the greater republic, not for imperialism". ["Para a Grande República, não para o Imperialismo"] (1899). "Imperialismo não é a palavra que descreve o nosso vasto trabalho", escreveu Beveridge, porque imperialismo vinha com todas as sugestões de dominação e roubo. O que o imperialismo realmente representava, continuou ele, era o "poderoso movimento e missão da nossa raça". Qual foi essa missão? Kipling usava aquela máscara mais apertada que Beveridge. Em seu poema, ele definiu o imperialismo, ou o ônus do homem branco, como "buscar o lucro de outro, trabalhar o ganho de outro". O imperialista não agiu para se engrandecer, para roubar riqueza; ele trabalhou para levar a civilização aos bárbaros. Esse era um velho truque – a missão da civilização como objetivo do imperialismo –, apesar de que já era claro, com todas as evidências, que o objetivo era saquear a riqueza e subordinar a soberania. Beveridge conquistou seu assento no Senado com um discurso apaixonado que pedia a total colonização de Cuba, Havaí, Filipinas e Porto Rico. "O comércio dessas ilhas", disse ele, "desenvolvido à medida que o desenvolvemos, desenvolvendo seus recursos, monopolizados como o monopolizamos, fará com que todos os ceifeiros desta República cantem, com que todo eixo gire, que de todo forno brotem as chamas da indústria". Estas foram palavras honestas – anexação para subordinar essas ilhas, a fim de fornecerem matérias-primas para a indústria estadunidense e depois comprarem os produtos beneficiados dos Estados Unidos. A ansiedade de ser uma potência imperialista percorre toda a história da expansão de Washington. Nitze, que formulou a política de poder preponderante para os Estados Unidos, escreveu, em 1955, que o apoio ao colonialismo era "abominável às sensibilidades americanas". Mas isso não significava que Nitze apoiasse o processo de descolonização, que incluiria a reunião dos Estados africanos e asiáticos em Bandung naquele ano. Ele entendeu, como diria a ONU em 1961, que o processo de descolonização era inevitável. Mas sua duração poderia ser mais lenta. Havia um gostinho de Hegel no ensaio de Nitze, o reconhecimento de que o "desenvolvimento histórico das forças mundiais" levaria à descolonização e que os EUA deveriam apostar "todas as fichas na aceleração da autodeterminação para todos os povos". Mas então veio a ressalva. Os EUA devem jogar o seu peso, mas apenas "sob condições que preservarão essas preciosas liberdades". Aqui está uma hesitação importante. Somente se os novos Estados percorressem os caminhos traçados pelos EUA – que determinariam o que são essas "preciosas liberdades" – é que poderiam eventualmente florescer. A linguagem da independência e liberdade sairia dos lábios dos diplomatas americanos, mas o significado dessas palavras seria específico.

Em 1962, o governo do então presidente dos EUA, John F. Kennedy, produziu um documento chamado de "Política de Defesa Interna no Exterior". É uma declaração clara da lealdade de classe dos Estados Unidos com os piores elementos dos países do Terceiro Mundo – apesar do *glamour* do governo Kennedy e de seu verniz de liberalismo. Este documento estava sendo preparado pela equipe de Kennedy quando 6.500 fuzileiros navais dos EUA desembarcaram na Tailândia para "apoiar esse país durante a ameaça de pressão comunista externa", e exatamente enquanto Kennedy – depois de sua tentativa frustrada de derrubar o governo em Cuba – prometeu "ir até o final" contra o governo comunista do Vietnã. O documento de 1962 apenas estabeleceu de forma impressa o que já havia sido escrito com sangue: que toda a força dos Estados Unidos seria usada para garantir que "os países em desenvolvimento evoluíssem de uma maneira que proporcionasse um ambiente mundial agradável para a cooperação internacional e o crescimento de instituições livres"; tudo isso é palavreado para um lema simples: o governo dos EUA tornaria o mundo seguro para o sistema capitalista cujos principais beneficiários eram corporações transnacionais (a maioria delas com sede no Ocidente). De fato, não há necessidade de comentar esse documento. Os EUA, escrevem os autores, têm um "interesse econômico em garantir que os recursos e mercados do mundo menos desenvolvido permaneçam disponíveis para nós e para outros países do Mundo Livre".

Os fuzileiros chegaram à Tailândia em julho de 1962. Foram reforçar as milícias anticomunistas e a polícia tailandesa – ambas treinadas pela CIA – em uma guerra para enfraquecer as forças comunistas de Pathet Lao, no vizinho Laos, e o Partido Comunista da Tailândia, que iniciou a luta armada em 1961. Os EUA enviaram seu primeiro diplomata ex-integrante da CIA, John Peurifoy, recém-chegado da derrubada de um governo democrático na Guatemala, para supervisionar as operações na Tailândia e garantir que os militares – liderados pelo marechal de campo Sarit Thanarat – chegassem ao poder. Milhões de dólares saíram do governo Kennedy para treinar o Exército Tailandês e o Exército Real do Laos em um projeto conhecido como *Ekarad*. A política deles – como dizia a embaixada dos EUA em Bangkok – era de "assédio secreto". Foi o que criou as condições para um conflito com o Pathet Lao, o desencadeamento do pacto Seato e a chegada das tropas americanas – com o som de aeronaves americanas ameaçando despejar a ira do napalm. Trabalhadores de fábricas de vestuário que cercavam Bangkok e estudantes universitários se moviam em uma direção radical; eles, juntamente com a insurgência às margens do país, ameaçavam a monarquia, os militares e a burguesia. Foi para esmagá-los que os EUA emprestaram sua força total, em troca da qual obtiveram aliados subordinados e bases militares – e poderiam garantir que seus interesses econômicos permanecessem vivos e bem.

A intervenção dos fuzileiros navais dos EUA – pouco conhecida agora, assim como era pouco discutida na época – ocorreu ao lado do "assédio secreto" fornecido por multidões de conselheiros americanos nas forças militares tailandesas e laocianas. Os EUA sussurraram aos ouvidos dos militares dessas regiões, que ficaram bastante satisfeitos por suspender qualquer conversa sobre democracia no interesse da estabilidade – estabilidade sendo sinônimo de anticomunismo. Esses militares não eram simplesmente marionetes do poder dos EUA; eles representavam classes em suas próprias sociedades que queriam suprimir trabalhadores e camponeses para manter o domínio oligárquico local – do qual se beneficiavam – e o imperialismo internacional – do qual os EUA e seus aliados se beneficiavam.

O que era impossível era os Estados Unidos admitirem que eram uma potência imperialista. Os tempos eram contra isso. Em janeiro de 1962, Kennedy pediu ao vice-diretor de planos da CIA, Richard Bissell, que supervisionasse o Grupo Especial (Contrainsurgência). Foi esse grupo que produziu o documento chamado de Política de Defesa Interna no Exterior. Bissell nasceu em Hartford, Connecticut, na casa que foi construída por Mark Twain, um dos líderes da Liga Anti-imperialista criada para protestar contra a guerra dos EUA nas Filipinas. Bissell foi para Yale e depois para a CIA; os homens que se juntaram a ele neste grupo também eram homens instruídos em Harvard, Princeton e Yale. Eles conheciam a história e o contexto daquele momento. Os países do Terceiro Mundo haviam acabado de se reunir, em setembro de 1961, em Belgrado (Iugoslávia), para estabelecer o Movimento dos Não Alinhados (NAM). Por isso, o Grupo Especial enfatizou a dissimulação em suas operações. O poder dos EUA deve ser usado por meio de ação militar (guerras assimétricas), mas também pelo uso de medidas como incentivos, sanções econômicas e guerra de informação, bem como apoio à polícia e forças militares locais (guerras híbridas).

"É importante para os EUA", escreveram Bissell e seus colegas, "permanecer em segundo plano e, sempre que possível, limitar seu apoio a treinamento, aconselhamento e material, para que não prejudique o esforço do governo local e exponha os EUA desnecessariamente a acusações de intervenção e colonialismo".

PARTE 2

Manual para mudança de regime

Jacobo Arbenz chegou ao poder em 1951, na empobrecida Guatemala, com uma missão democrática. Ele queria ter certeza de que os camponeses possuíssem terras e pudessem usá-las para se libertar. Arbenz era de uma família rica, que o encorajou a se juntar às Forças Armadas. Foi como oficial militar que viu o ditador apoiado pelos estadunidenses, Jorge Ubico, esmagar camponeses e forçá-los a trabalhar para a grande United Fruit Company, de propriedade estadunidense, a maior proprietária de terras da Guatemala. Arbenz foi influenciado pelo líder comunista José Manuel Fortuny e por sua esposa feminista e socialista, María Vilanova. Quando ele venceu a eleição, em 1950, prometeu usar a terra para ajudar o povo. Mas havia apenas quatro comunistas no congresso de 61 membros, e nenhum no gabinete de Arbenz. A influência deles no processo teria sido exagerada.

A reforma agrária promovida por Arbenz foi modesta para uma sociedade tão grotescamente desigual. Em 1953, o governo expropriou 200 mil acres de terras não utilizadas, pertencentes à United Fruit. A empresa, com sede em Nova Orleans (Louisiana), não toleraria essa ação. Tampouco o governo dos EUA, cujos membros tinham íntimos vínculos financeiros com a empresa. O escritório de advocacia do secretário de Estado dos EUA, John Foster Dulles – Sullivan & Cromwell –, representou a United Fruit. Dulles; seu irmão Allen (diretor da CIA); John Moors Cabot (secretário de Estado adjunto de Dulles para assuntos interamericanos) e Thomas Dudley Cabot (diretor de assuntos de segurança internacional de Dulles) foram alguns dos maiores acionistas da United Fruit. O ex-diretor da CIA, Walter Bedell Smith, tornou-se presidente da empresa após a remoção de Arbenz. A secretária pessoal do presidente dos EUA, Dwight Eisenhower – Ann Whitman – era esposa de Edmund Whitman, diretor de publicidade da United Fruit. Sua ação não foi meramente em nome do imperialismo dos EUA ou da classe capitalista; também era para eles mesmos.

"Se os guatemaltecos quiserem lidar com uma empresa guatemalteca", escreveu o primeiro secretário da embaixada dos EUA na Cidade da Guatemala para Washington, em 1951, "isso não é da nossa conta, mas se eles lidam rudemente com uma empresa estadunidense, é da nossa conta".

A CIA desenvolveu um programa secreto chamado PBFortune para derrubar Arbenz. Havia maldade desde o começo. O general James Doolittle escreveu a seu antigo amigo do Exército, o presidente dos EUA, Dwight Eisenhower, que a CIA precisava operar cruelmente. "Não existem regras nesse jogo", ele escreveu. "Até agora, normas aceitáveis de conduta humana não se aplicam".

Arbenz foi derrubado em 1954. Sua saída parecia seguir um manual, que seria usado repetidamente, desde a remoção de João Goulart, do Brasil, em 1964 e de Salvador Allende, do Chile em 1973; da derrubada de Abd al-Karim Qasim, do Iraque, em 1963 a Sukarno, da Indonésia, em 1965; da deposição de Patrice Lumumba, do Congo, em 1961 a Juan José Torres, da Bolívia, em 1971. Aqui há ecos do método usado para derrubar o governo de Evo Morales da Bolívia em 2019 e a tentativa contínua de derrubar o processo bolivariano na Venezuela. Qualquer um que defendesse uma agenda que se assemelhasse ao nacionalismo econômico, qualquer coisa que ameaçasse o domínio do mercado das corporações transnacionais e que oferecesse uma vantagem aos comunistas teria que ser removido. O Direito Internacional e a opinião pública poderiam ser manipulados a favor do imperialismo. A fórmula é clichê. É um lugar comum, um plano curto para produzir um clima de golpe, criar um mundo subjugado. Aqui estão os nove capítulos deste manual para mudança de regime.

1. Fazer lobby junto à opinião pública

Um golpe deve ser previamente preparado na opinião pública. Os jornalistas que analisassem o que Arbenz estava fazendo teriam razoavelmente concluído que ele estava apenas cumprindo as promessas que havia feito na campanha. Eles teriam relatado que Arbenz não ameaçou derrubar a United Fruit Company, apenas tirar parte de suas terras para melhorar as condições do povo guatemalteco. Mas essa razoabilidade não era possível.

A United Fruit contratou Edward Bernays, um dos principais especialistas em relações públicas, para fazer *lobby* no Congresso dos EUA sobre uma conspiração comunista. "Sempre que você lê 'United Fruit' na propaganda comunista", escreveu o diretor de relações públicas da empresa, "você pode facilmente substituir por Estados Unidos". O objetivo, para Bernays, era garantir que United Fruit e Estados Unidos fossem sinônimos e que qualquer ataque à empresa fosse visto como um ataque ao país. Bernays usou o dinheiro da United Fruit para enviar jornalistas de *Chicago Tribune, Newsweek, New York Times* e *Time* para escrever sobre comunistas na Guatemala. Os jornalistas concordaram. Em uma reportagem não assinada no *New York Times,* de 14 de julho de 1951, uma pessoa não identificada escreveu: "Não podemos esperar que um maia, vivendo em uma vila ancestral no alto das colinas, incapaz de ler, isolado das principais correntes mundiais, reconheça por instinto o comunismo como apenas outro sistema de escravidão". A pessoa não conversou com ninguém nas terras altas, não citou ninguém – este foi um comunicado de imprensa da United Fruit.

A United Fruit gastou meio milhão de dólares para pressionar o Congresso dos EUA, usando esses relatos sobre uma ameaça comunista na Guatemala. A opinião do "público", a saber, a opinião da mídia capitalista e do Congresso dos EUA, foi conquistada pela posição da empresa.

O governo dos EUA parou de fornecer armas para a Guatemala, então Arbenz comprou algumas armas tchecas. Quando foram entregues, Washington exagerou seu impacto nos estenógrafos das agências de mídia ocidentais. John Foster Dulles foi a Caracas para a 10ª Conferência Interamericana pressionar por uma resolução que condenasse a "infiltração comunista", com ênfase na Guatemala. Todas as oligarquias se alinharam atrás de Dulles; somente a Guatemala votou contra a resolução. A campanha de relações públicas conseguiu isolar Arbenz e a agenda da reforma agrária.

"Governo vermelho na Guatemala", gritou uma transmissão de televisão da NBC. Nada mais precisava ser dito. O destino de Arbenz estava selado.

2. Escolha o homem certo em campo

Muito trabalho precisava ser feito na Guatemala. O homem certo tinha que estar no comando. O Departamento de Estado dos EUA enviou John Peurifoy como embaixador para a Cidade de Guatemala (capital do país). Ele vinha de Atenas, onde desempenhou um papel fundamental no fortalecimento do novo governo anticomunista. Washington tinha um curral de homens como Peurifoy. No Brasil, o homem em campo era Lincoln Gordon – um liberal quando lhe convinha, mas um anticomunista implacável fora dos Estados Unidos. Foi Gordon quem pediu ao governo dos EUA que enviasse uma "entrega clandestina de armas" aos golpistas brasileiros. Para o golpe contra Allende no Chile, foi Nathaniel Davis; para o golpe contra Sukarno, na Indonésia, foi Marshall Green. No Irã, foi Loy Henderson, que ameaçou Mossadegh com a retirada do apoio dos EUA e forçou sua renúncia. Esses homens ajudaram a alinhar o posicionamento das embaixadas ocidentais, garantiram que a propaganda estivesse pronta para justificar o golpe e forneceram apoio suficiente dos EUA aos assassinatos e ao caos que se seguiria. Green, por exemplo, encontrou-se com os embaixadores ocidentais depois que ficou claro que os generais indonésios queriam avançar. Ele disse a Washington e a seus colegas embaixadores que o Exército "espera simpatia e ajuda econômica do Ocidente, se o Exército decidir depor Sukarno". As embaixadas estavam muito dispostas a ajudar. Elas forneceram listas de comunistas e simpatizantes comunistas que precisavam ser mortos.

Peurifoy era bom em seu trabalho. Quando as conspirações da CIA fracassam, como geralmente acontece, e quando os agentes são descobertos e presos, como costuma acontecer, é o embaixador dos EUA que tem que se acalmar e continuar a pressionar o governo. Peurifoy nunca perdeu a compostura; ele tentou subornar Arbenz com US$ 2 milhões, depois o ameaçou, então começou a se relacionar com membros de seu gabinete e, finalmente, sentou-se na embaixada, em 18 de junho de 1954, e observou como sua trama funcionou para derrubar o governo.

Existe uma velha piada: "Por que nunca há um golpe nos Estados Unidos? Porque não há embaixada dos EUA lá".

3. Garanta que os generais estejam prontos

O coronel Carlos Castillo Armas, que trabalhava como vendedor de móveis em Honduras, estava convencido pelos EUA de que precisava voltar para casa como libertador de seu país. Castillo Armas era conhecido por ter sido criado pela United Fruit, que teria pago US$ 30 mil por mês para que ele atuasse como vassalo. O coronel Roberto Barrios Peña, um dos principais militares da oposição, reclamou aos EUA, em 8 de outubro de 1953, que Castillo Armas não era confiável e não ajudaria a unificar a oposição fragmentada. A CIA sabia que ele era inútil; que havia bloqueado uma tentativa de golpe em janeiro de 1952 e não estava se dando bem com outros oficiais militares ansiosos por defender a United Fruit contra o povo guatemalteco. Mas ele era leal. Castillo Armas era apoiado não apenas pela United Fruit, mas também pelo ditador nicaraguense Anastasio Somoza, cuja intervenção seria inestimável.

Após a segunda expropriação de terras promovida por Arbenz, em 12 de agosto de 1953, o Conselho de Coordenação de Operações da CIA disse a esta para seguir em frente, "tendo como base uma alta prioridade contra Arbenz". Com US$ 3 milhões em mãos, a CIA começou a treinar a força mercenária de Castillo Armas e a trazer toda a hierarquia militar do Exército com ele. Em dezembro, o embaixador Peurifoy escreveu a John Cabot, do Departamento de Estado (e um acionista da United Fruit), que o governo dos EUA "deve aceitar os riscos inerentes a ajudar a provocar uma mudança de governo aqui". Ele disse que o problema enfrentado pelos Estados Unidos e pela United Fruit era a oposição desorganizada. "A oposição 'anticomunista' interna", escreveu ele, "está muito dividida e sem um programa político viável ou uma organização imediatamente disponível". Essa é a razão pela qual Peurifoy recomendou as "Forças Armadas da Guatemala como o principal setor em que qualquer esforço para estimular ações antigovernamentais provavelmente será frutífero". O integrante da CIA, Henry Hecksher, que trabalhava disfarçado como comprador de café na Guatemala, se aproximou do Coronel Hernán Monzón Aguirre, que não apenas estava no gabinete de Arbenz, mas também tinha influência no Exército. Hecksher ofereceu um suborno a Monzón para se juntar ao golpe. Monzón se tornaria o líder da Junta que assumiria imediatamente após a expulsão de Arbenz; ele passaria o bastão para o favorito da CIA, Castillo Armas. Enquanto isso, Hecksher seria promovido a chefe da estação da CIA no Laos, em 1958; depois, participaria da operação da CIA na Indonésia, entre 1960 e 1963, antes de se mudar para a Cidade do México, onde executou o projeto contra a Revolução Cubana, antes de completar sua carreira como chefe da agência da CIA no Chile, em 1973, para derrubar Salvador Allende.

O telegrama de Peurifoy para Washington, em 28 de dezembro de 1953, tem dois pontos que valem a pena serem lidos na íntegra:

> O que espero é que o programa descrito no telegrama: a) prepare a opinião no hemisfério e na Guatemala para uma mudança e embote as acusações de intervenção que se espera que sejam dirigidas a nós e b) crie aqui um clima em que segmentos importantes da população, especialmente as Forças Armadas e a classe proprietária, sintam

que seus interesses estão suficientemente ameaçados para serem movidos de sua letargia atual em direção a uma melhor disposição para assumir os riscos necessários para cooperar ativamente e colocar um novo governo no poder.

4. *Faça a economia gritar*

Em 11 de setembro de 1953, a CIA produziu um relatório sobre sua guerra híbrida contra a Guatemala. O texto observa que a "pressão econômica" era essencial: "considerando que a economia do governo guatemalteco é suscetível a pressões, serão aplicados métodos secretos de guerra econômica direcionados a suprimentos de petróleo, remessas e exportações e importações vitais, sempre que possível". Foi formado um grupo de trabalho composto por empresários estadunidenses com "experiência em bancos, transporte marítimo, publicidade, investimentos gerais e petróleo na América Latina" e três homens que "ocupam altas posições nos negócios e na vida industrial guatemaltecas". A CIA queria desviar a atenção da United Fruit para a produção de café da Guatemala. Em 31 de julho de 1953, produziu um relatório com o título "A indústria do café na Guatemala – considerações especiais sobre possíveis sanções econômicas". As empresas estadunidenses – como Folgers e J. A. Medina – estavam preocupadas com qualquer problema no negócio de exportação de café. A CIA teria que aplacá-los. Em seu relatório de setembro, a CIA observou que precisava usar evidências reais ou "evidências necessárias fabricadas" na próxima conferência da OEA para "ações econômicas multilaterais contra a Guatemala, particularmente em relação ao café". E havia desenvolvido um estudo sobre "quais fases da indústria cafeeira podem ser atacadas, o que prejudicará o governo Arbenz e seus apoiadores sem afetar seriamente os elementos anticomunistas".

A leitura desses documentos da CIA de 1953 a 1954 lembra os preparativos do governo dos EUA para o golpe de 1973, contra o governo socialista de Salvador Allende, no Chile. Em 15 de setembro de 1970, o presidente dos EUA, Richard Nixon, e o assessor de Segurança Nacional Henry Kissinger, autorizaram o governo dos EUA a fazer todo o possível para minar o recente governo de Allende. Nixon e Kissinger, de acordo com as notas mantidas pelo diretor da CIA Richard Helms, queriam "fazer a economia gritar" no Chile, e eles "não estavam preocupados [com os] riscos envolvidos". A guerra era aceitável para eles, desde que o governo de Allende fosse removido do poder. A CIA iniciou o Projeto Fubelt, com US$ 10 milhões, como primeira parcela, para iniciar a desestabilização secreta do país. Em 11 de junho de 1971, o secretário do Tesouro dos EUA, John Connally, disse a Nixon que

> o único pé-de-cabra que temos sobre eles, a única alavanca que temos sobre eles, me parece, é que pelo menos possamos cortar seu crédito ou os mercados das mercadorias que produzem, ou algo assim. Mas temos que estar em posição de impor algumas sanções econômicas a eles. Agora, você não pode impor sanções militares, mas podemos impor sanções financeiras ou econômicas.

Um mês depois, Allende nacionalizou o setor de cobre e disse às principais empresas – Kennecott e Anaconda – que as compensaria perdoando os US$ 774 milhões em impostos sobre lucros excedentes que eles não pagavam. Os chilenos comemoraram este dia como o Dia da Dignidade Nacional. As empresas foram à Casa Branca reclamar. A eles se juntaram a gigante das telecomunicações ITT e a fabricante de refrigerantes Pepsi Cola. Em 5 de outubro de 1971, Connally disse a Nixon: "A única coisa que você pode esperar é derrubá-lo [Allende] e, enquanto isso, você fará o possível para provar, por suas ações contra ele, o que você quer, que você está cuidando dos interesses estadunidenses".

A retaliação foi rápida. O Banco de Exportação e Importação dos EUA já havia se recusado a conceder ao Chile um empréstimo para comprar três aeronaves Boeing (isso era menos um empréstimo ao Chile e mais um subsídio à Boeing, ou como escreveu o primeiro-ministro ganês Kwame Nkrumah, em 1965: "ajuda, portanto, para um Estado neocolonial é apenas um crédito rotativo, pago pelo mestre neocolonial, passando pelo Estado neocolonial e retornando ao mestre neocolonial na forma de lucros crescentes").

Quando o Chile foi ao Clube de Paris negociar os termos para reagendar sua dívida de US$ 1,862 bilhão, o delegado dos EUA no Clube farejou. Os EUA possuíam US$ 1,227 bilhão dessa dívida, por isso levantaram a questão da compensação para as empresas transnacionais de cobre, e da suspensão do pagamento da dívida feita pelo Chile. A pressão sobre o Chile aumentou, à medida que as finanças internacionais secavam. No Banco Interamericano de Desenvolvimento (BID), os EUA detêm 40% dos votos e poder de veto; seus empréstimos ao Chile caíram de US$ 46 milhões em 1970 para US$ 2 milhões em 1972. O Banco Mundial, controlado pelos EUA, não concedeu novos empréstimos ao Chile entre 1970 e 1973. O Banco de Exportação-Importação reduziu as notas de risco do Chile de B para D – o mais baixo nível. O comércio continuou, mas as empresas começaram a pedir dinheiro adiantado para a compra de bens. Tudo isso ocorreu quando os preços do cobre caíram 25%; com o aumento da inflação global, os preços dos alimentos importados aumentaram. A inflação aumentou para mais de 1.000%, e o governo Allende começou a imprimir dinheiro e a racionar mercadorias, a fim de evitar um declínio total nos padrões de vida.

Uma combinação do "bloqueio invisível" de Nixon, da reação de pânico às sanções do governo e das condições internacionais adversas (baixos preços do cobre, altos preços de alimentos) "criaram as condições", como Kissinger disse, para um golpe. Nixon respondeu: "é assim que vai ser jogado".

5. Isolamento diplomático

O governo que se opõe ao imperialismo e apoia seu próprio povo deve ser retratado como fora de alcance e isolado muito antes dos tanques deixarem o quartel. Esse isolamento deve aparecer como um processo natural. O governo não é mais um governo, mas um regime; não é mais um governo democrático, mas um regime autocrático.

Ninguém discordou que Salvador Allende venceu a eleição presidencial chilena em 1970 em uma votação justa. Isso estava fora de discussão. A oligarquia chilena e o governo dos EUA tentaram minar a democracia chilena depois que os socialistas começaram a obter ganhos, na década de 1960. A CIA dirigiu um programa para influenciar os meios de comunicação de massas chilena, com a sugestão de que eram os soviéticos – que não tinham nenhuma influência real no Chile – que queriam minar a democracia chilena. Eles financiaram os partidos de extrema direita nas eleições para o Congresso do Chile, em março de 1969. Quando isso fracassou, e quando parecia que os socialistas venceriam as eleições presidenciais de 1970, a CIA tentou criar dissensões, dividir o voto socialista e garantir a vitória da extrema direita. Allende venceu a eleição em 4 de setembro de 1970.

Já em 9 de setembro, três anos antes do golpe, a CIA iniciou uma conversa com os militares chilenos sobre um golpe militar. O general René Schneider não estava interessado em um golpe porque acreditava que a Constituição de 1925 tinha que ser respeitada. O general aposentado do Exército, Roberto Viaux, que estava ansioso por um golpe de Estado e vinha se encontrando regularmente com a CIA, sequestrou o general Schneider e o matou. Isso chocou o Exército. No entanto, foi a CIA, a direita do Exército e a oligarquia chilena que tentaram minar a democracia. Eles é que deveriam ter sido isolados. Mas não é assim que a linguagem do imperialismo opera.

Em 1962, a Organização dos Estados Americanos (OEA), sob pressão do governo dos EUA, suspendeu Cuba de suas fileiras. Castro havia chamado a OEA de "Ministério das Colônias dos Ianques", o que é – no fundo – um retrato justo. A OEA havia sido usada por Washington para disciplinar os países do hemisfério e, portanto, foi usada contra Cuba logo após o governo de Castro começar a reivindicar os direitos do povo cubano à sua própria terra e trabalho. Não foi suficiente remover Cuba da OEA. O governo Kennedy lutou para que ela impusesse sanções a Cuba em 1964 e exigia que todos os seus membros seguissem o exemplo. O México foi o único membro que recusou o decreto de Kennedy. Em sua reunião de janeiro de 1962, a OEA disse que "o marxismo-leninismo é incompatível com o sistema interamericano e o alinhamento desse governo com o bloco comunista rompe a unidade e a solidariedade do hemisfério". A expulsão de Cuba veio na linha de que o comunismo era estranho às Américas. Allende sabia disso. É por isso que não declarou que seu governo se baseava em princípios marxistas, e é por isso que teve muito cuidado para não fazer abertamente uma conexão com a União Soviética. No entanto, ele abriu relações completas com Cuba, e relações comerciais com a Coreia do Norte. Quatro outros Estados seguiram a liderança do Chile em relação a Cuba, quebrando o bloqueio da OEA; era isso que os EUA queriam evitar e, portanto, a CIA ansiava por um golpe. "É provável", observou a CIA em um longo memorando produzido para Henry Kissinger, em 4 de dezembro de 1970, sobre a situação no Chile, que os "chilenos serão mais sofisticados que os cubanos" e, portanto, não provocarão uma expulsão da OEA. A CIA elaborou um plano para superar a hesitação dos membros da OEA em desafiar diretamente a posição do Chile na OEA. Uma maneira de pressionar o Chile seria os EUA organizarem uma "oposição geral e coordenada a posições e propostas chilenas, assédio e desaceleração ou suspensão de empréstimos do Banco Interamericano de Desenvolvimento (BID) e assistência técnica da OEA". Dificultar o uso legítimo do maquinário da OEA pelo Chile poderia pressionar Allende e levá-lo à armadilha criada pelos EUA – nomeadamente para a expulsão da OEA e o isolamento diplomático.

Quando a OEA não se curvou à pressão dos EUA, o secretário do Tesouro dos EUA, John Connally, propôs ao então presidente, Richard Nixon, em 1971, que os EUA se retirassem da OEA e negociassem com cada um dos países da América Latina em bases bilaterais. Em qualquer conversa bilateral, os EUA seriam o negociador mais poderoso e poderiam isolar mais facilmente países que não se submetessem à pressão dos EUA. Se os EUA pudessem negociar com cada país individualmente, Connally disse: "podemos pressionar Peru e Brasil". A OEA, para os EUA, era apenas um instrumento de poder, não uma plataforma para criar cooperação regional. Seria ingênuo ler a Carta da OEA e levá-la a sério.

Não foi fácil expulsar o Chile da OEA, embora as sanções tenham atingido a economia. Os serviços de inteligência ocidentais trabalharam duramente para prejudicar a reputação de Allende no cenário mundial. O que Allende estava dizendo tinha ressonância no Terceiro Mundo. Seu discurso na ONU em dezembro de 1972 retratou um mundo em luta entre o poder das corporações transnacionais – apoiadas pelos Estados Unidos e seus aliados – e Estados soberanos. Esse era o tipo de linguagem que ressoava no Movimento dos Não Alinhados (NAM), cujo principal objetivo naqueles anos era a aprovação da Nova Ordem Econômica Internacional (Noei), uma revisão completa do sistema de comércio e desenvolvimento. Allende alertou que a Noei não estava nos planos dos países ocidentais e, em vez disso, "toda a estrutura política do mundo está sendo prejudicada". Isso não era um exagero da parte dele; essa foi uma afirmação factual. Quando o NAM se reuniu em Argel, em setembro de 1973, Allende não estava lá. O primeiro-ministro da Índia, Indira Gandhi, disse em seu discurso de abertura, em 6 de setembro: "Sentimos falta do presidente Allende, do Chile, que está travando uma batalha que é comum a nós". Uma batalha comum a nós. O isolamento não poderia funcionar enquanto o bloco do Terceiro Mundo e o bloco soviético permanecessem intactos. No entanto, cinco dias depois, em 11 de setembro, o golpe seria realizado e Allende estaria morto.

Quando a sombra do Terceiro Mundo e do bloco soviético recuou, duas décadas depois, ficou muito mais fácil para os Estados Unidos e seus aliados usarem o isolamento diplomático como uma ferramenta para a mudança de regime. Seria muito mais fácil para a Liga Árabe expulsar a Líbia antes da guerra da Otan naquele país, em 2011; seria infinitamente mais fácil usar a OEA como arma contra a Venezuela e a Bolívia.

6. Organize protestos massivos

Um golpe nunca é um golpe. Chamá-lo de golpe seria admitir que o governo dos Estados Unidos tinha subvertido os processos democráticos de outro país ou, pelo menos, interferido em outro país. Um golpe tem que vir com outro nome. Tem que ser visto como uma revolta popular contra um governo autoritário, que foi salvo pela intervenção dos militares nacionalistas. Pode ser uma "assunção do controle", ou uma "etapa intermediária". Era assim que o golpe tinha de ser entendido.

Graças ao controle da mídia pela CIA, as notícias nos principais jornais ocidentais não chamariam isso de golpe nem de guerra. Hanson Baldwin, do *New York Times*, havia oferecido a John Foster Dulles total cooperação em sua cobertura do golpe da CIA no Irã, em 1953; ele faria o mesmo pela Guatemala. "A característica de ópera cômica da 'guerra' guatemalteca", escreveu Baldwin em 22 de junho de 1954, depois que o Exército iniciou o massacre daqueles que seguiam Arbenz e dos comunistas. Para Baldwin, essa foi "uma guerra que até agora está basicamente sem batalhas, mas é pontuada por pronunciamentos e rumores". A palavra "golpe" não aparece, e "guerra" aparece entre aspas.

Para ser uma revolta popular, são necessárias massas de pessoas nas ruas. Mas se as massas estão por trás do governo – como nos casos de Mossadegh e Arbenz –, como fabricar o caráter popular? O dinheiro ajuda, e Kermit Roosevelt espalhou um milhão de dólares em Teerã, em 1953, para reunir uma multidão "comprada". Peurifoy, junto com seu colega da CIA, Howard Hunt, fizeram o mesmo na Cidade da Guatemala; quando Arbenz e sua família estavam deixando o país, uma multidão bem vestida, financiada pela CIA, estava perto, gritando abusos contra eles e, depois, observando como os militares o obrigaram a se despir antes que pudesse embarcar no avião rumo ao México.

Philip Agee, na agência da CIA em Montevidéu, escreveu em seu diário em 1º de abril de 1964 sobre o que ouvia do chefe da agência no Rio de Janeiro, Ned Holman, sobre o golpe contra Goulart no Brasil. Era esta agência no Rio e suas outras ramificações que "financiavam as manifestações urbanas em massa contra o governo de Goulart, provando que os antigos temas sobre Deus, pátria, família e liberdade também são eficazes". William Doherty, de uma organização de fachada da CIA, disse sobre o golpe no Brasil: "Foi planejado – e planejado com meses de antecedência. Muitos dos líderes sindicais – alguns dos quais foram realmente treinados em nosso instituto – estavam envolvidos na revolução e na derrubada do regime de Goulart". O diretor da CIA, William Colby, autorizou pelo menos US$ 8 milhões para "comprar" multidões no Chile e subsidiar greves. Em fevereiro de 1973, o coronel dos EUA Gerald Sills perguntou ao general chileno Augusto Pinochet quando ele derrubaria o presidente socialista Allende. "Não até que sejamos provocados", respondeu Pinochet. "As Forças Armadas não podem se mover contra Allende até que as pessoas saiam às ruas e implorem para que nós atuemos". A CIA entrou em movimento. O dinheiro foi gasto em "greves" e "protestos", o que obrigou Pinochet a enviar suas tropas para fora do quartel. Sem as "manifestações", não havia legitimidade para o Exército agir.

Na Guatemala, as multidões "compradas" cobriram a capital com *slogans* anticomunistas e ameaças à vida de Arbenz e Fortuny. Os oficiais militares guatemaltecos foram informados pelos assessores militares dos EUA de que, se não derrubassem o governo, os EUA invadiriam o país. Foi uma ameaça que perturbou muitos oficiais leais; eles se omitiram quando o golpe aconteceu, ou se juntaram ao próprio golpe.

O hálito quente do golpe que soprou sobre a Guatemala permaneceu no Caribe, e depois seguiu para a Guiana Britânica.

Lá, em 1953, o povo elegeu como ministro-chefe Cheddi Jagan, líder do Sindicato dos Trabalhadores nas Serrarias e Florestas, bem como do Partido Progressista do Povo. Jagan não era membro de um partido comunista, mas era um marxista vindo de Port Mourant – a "Pequena Moscou" da Guiana Britânica. Winston Churchill, o primeiro ministro da Grã-Bretanha, que era o mestre colonial da Guiana Britânica, queria que Jagan fosse derrubado. As novas leis trabalhistas de Jagan e sua ameaça de seguir uma agenda socialista aterrorizavam Churchill. "Devemos obter apoio americano para fazer tudo o que pudermos para tirar os comunistas da batalha na Guiana Britânica", escreveu ele a Oliver Lyttelton, seu Secretário de Estado das Colônias. Os EUA não pareciam imediatamente interessados; estavam ocupados com o Irã e a Guatemala. Churchill enviou suas tropas para remover Jagan. Era uma operação simples, e o apoio massivo não era necessário.

Uma década depois, Jagan estava de volta ao poder e, desta vez, os Estados Unidos estavam interessados em sua remoção. O conselheiro do presidente dos EUA, John F. Kennedy, escreveu a ele em agosto de 1961 sobre a "possibilidade de encontrar um substituto para o próprio Jagan", em outras palavras, a mudança de regime na Guiana. Jagan era muito popular e uma simples intervenção militar parecia muito difícil. Desta vez, a CIA decidiu usar os sindicatos contra Jagan. A CIA trabalhou em estreita colaboração com o movimento sindical dos EUA, o AFL-CIO,[1] para criar uma variedade de frentes, como o Instituto Sindical Livre e o Instituto Americano para o Desenvolvimento do Trabalho Livre. Essas frentes canalizaram dinheiro do governo dos EUA para sindicatos em todo o mundo; seus agentes construíram os sindicalistas de direita contra a esquerda. Seus colaboradores eram frequentemente pessoas e organizações dos interesses mais espúrios

---

[1] Sigla para "American Federation of Labor and Congress of Industrial Organizations". Federação Americana do Trabalho e Congresso das Organizações Industriais. (N. T.)

– incluindo pessoas da máfia e de grupos fascistas. Qualquer coisa era aceitável para minar a luta de classes, tanto na Europa quanto nos Estados em processo de libertação nacional.

Em 1947, durante a onda de greves na França, a direita e a máfia atacaram violentamente os trabalhadores. Um deles, Vincent Voulant, um militante comunista, foi morto pela máfia de Marselha, uma indicação precoce do tipo de alianças em ação. Três entre quatro trabalhadores em Marselha entraram em greve no dia de seu funeral. Os estivadores juntaram-se aos mineiros para fechar a cidade. Eles ameaçaram uma insurreição comunista na região sul da França. Frank Wisner, da CIA, encontrou-se com Jay Lovestone, do Comitê por Sindicatos Livres e ex-líder do Partido Comunista dos EUA, que então começou a enviar dinheiro para o sindicato anticomunista Force Ouvrière e para Le Milieu (a máfia), mas mais precisamente para a Frente da Córsega. O acordo era que a máfia intimidaria os membros do sindicato e assassinaria comunistas, enquanto, em troca, as autoridades francesas e americanas permitiriam que eles levassem heroína para a Europa. Isso ficou conhecido como Conexão Francesa. Além disso, a CIA enviou uma unidade de operações psicológicas para minar a reputação dos comunistas. Quando um navio chegou com 60 mil sacos de farinha, e quando os estivadores se recusaram a descarregá-lo, a CIA divulgou a história de que os sindicatos e os comunistas eram contra os famintos.

Foram esses grupos de "trabalhadores livres" financiados pelos EUA que começaram a criar danos entre a classe trabalhadora na Guiana Britânica. Eles financiaram e desagregaram o movimento sindical. Foi assim que a CIA levou as "massas" a se voltarem contra os governos de esquerda. Serafino Romualdi, da Federação Americana do Trabalho, estava na Guiana em 1951, onde começou a estabelecer as raízes para o que viria uma década depois. Em 1962, oito integrantes de sindicatos da Guiana fizeram um curso de treinamento ministrado pelo Instituto Americano para o Desenvolvimento do Trabalho Livre (AIFLD).

Eles voltaram para a Guiana com posições contra o governo de Jagan, que chegou ao poder em setembro de 1961, quando a Guiana conquistou sua independência. Em 1963, esses homens e seus sindicatos organizaram uma greve geral que durou três meses e que prejudicou profundamente o governo de Jagan. Os sindicatos puderam se sustentar porque receberam fundos de dois sindicatos da AFL-CIO (o sindicato da Federação Americana de Funcionários Estaduais, Municipais e de Condados e o Sindicato Internacional dos Funcionários de Varejo); esses fundos da CIA chegaram ao AFL-CIO através de fundações privadas, como a Fundação Gotham (criada pela CIA). A CIA tinha dedos em toda uma série de frentes trabalhistas, como o departamento internacional da União Internacional de Serviços Públicos (cujo principal quadro, William Howard McCabe, era agente da CIA) e o advogado trabalhista do AFL-CIO, Gerald O'Keefe (também supostamente um agente da CIA). Dizem que O'Keefe forneceu fundos a Richard Ishmael, líder trabalhista que se opôs a Jagan, e a Forbes Burnham, o principal adversário político de Jagan, para contratar homens para realizar atos de violência e sabotagem contra o governo e seus apoiadores. A intimidade da CIA e da AFL-CIO era tal que, após essa Operação Flypast, J. C. Stackpoole, do Ministério das Relações Exteriores britânico, começou a chamá-las de AFL-CIA.

O governo de Jagan caiu e depois, profundamente prejudicado, perdeu as eleições em 1964. Burnham, que venceu, governaria a Guiana com o apoio dos EUA até 1980, e seu partido permaneceu no cargo até 1992.

Enquanto criavam confusão na Guiana, Romualdi e sua equipe da AFL-CIA trouxeram suas travessuras para a República Dominicana. Juan Bosch, socialista, venceu a eleição presidencial em 1962 e tentou adotar uma modesta agenda agrária. Mas o que Bosch descobriria em breve era que todas as principais organizações de massa em seu país eram ou frentes da CIA, ou haviam sido esvaziadas pela AFL-CIA. Um de seus assessores próximos, Sacha Volman, era um quadro da CIA, que esvaziou a principal organização camponesa Federação Nacional de Irmandades Campesinas (Fenherca),[2] enquanto a AFL-CIA havia criado e moldado o principal sindicato, a Confederação Nacional de Trabalhadores Livres (Conatral). Os burocratas e técnicos de Bosch haviam sido treinados pelo Instituto Internacional de Estudos do Trabalho, financiado pelo Centro Interamericano de Estudos Sociais, que por sua vez recebeu dinheiro de uma frente da CIA conhecida como J. M. Kaplan Fund., Bosch ficou em pé em chão oco. Quando Bosch teve que partir, a AFL-CIA tomou as rédeas, os trabalhadores foram induzidos a entrar em greve, e Bosch teve que admitir o que parecia ser uma agitação em massa contra seu governo.

7. Sinal verde

Sempre há um sinal verde. Esses documentos chegam até nós 50 anos após o fato, numa astuta declaração de poder depois que o mundo muda. Uma coisa é piscar e reconhecer seu papel em um golpe de outra geração; mas ele deve estar sempre oculto quando o Manual de Mudança de Regime estiver sendo usado.

11 de julho de 1953: "Por meio de métodos legais ou quase legais para efetuar a queda do governo Mossadeq e substituí-lo por um governo pró-ocidental, sob a liderança do xá, com Zahedi como seu primeiro-ministro".

26 de agosto de 1960: "Nos altos escalões, aqui está a conclusão clara de que, se Lumumba continuar no cargo, o resultado inevitável será pelo menos um caos e, na pior das hipóteses, abrirá o caminho para a tomada comunista do Congo. Sua remoção deve ser um objetivo urgente e primordial. Essa deve ser uma alta prioridade de nossa ação secreta".

Quando a luz se tornou verde, os pilotos da CIA entraram no seu Thunderbolts P-47 e começaram a voar sobre a Cidade

---

[2] Federación Nacional de Hermandades Campesinas, em espanhol. (N. T.)

da Guatemala. Eles dispararam suas armas calibre .50 e jogaram algumas bombas de fragmentação; fizeram um estardalhaço. Nenhum golpe é tão fácil quanto parece. Os batalhões mal armados de Castillo Armas falharam na corrida para a capital. Muitos sofreram derrotas nas mãos dos guardas de fronteira e do Exército. A aeronave da CIA bombardeou um tanque de petróleo que, segundo um agente da CIA, deixou os guatemaltecos com uma impressão de "incrível fraqueza, falta de decisão, esforço desanimado" entre os fabricantes de golpe. Mas o Exército temia uma invasão estadunidense. Um dos homens de Arbenz foi para uma base, onde encontrou os oficiais escondidos em seus quartéis. Eles pensam, disse ele a Arbenz, "que os estadunidenses estão ameaçando a Guatemala apenas por sua causa e de seus amigos comunistas. Se você não renunciar, o Exército marchará para a capital e o deporá". A CIA não sabia que o Exército havia se virado. Eles autorizaram um bombardeio maciço no país e uma enxurrada de transmissões de rádio. Mas o Exército tomou o poder e deu as costas à CIA. "Fomos traídos", disse o embaixador dos EUA Peurifoy. Mas Peurifoy conhecia seu trabalho. Ele latiu para o Exército e eles concederam. Em onze dias, cinco juntas sucessivas tomaram o poder, com cada junta mais disposta a se subordinar a Washington do que a anterior.

8. Um estudo sobre o assassinato

Fortuny, líder do Partido Comunista da Guatemala, refugiou--se na embaixada do México. Foi perguntado se a derrubada de Arbenz significava que os EUA não permitiriam um governo comunista nas Américas. "Tire suas próprias conclusões", ele disse. Ele morreu na Cidade do México em 2005, aos 89 anos.

A CIA há muito acreditava que se pudesse assassinar líderes importantes, enfraqueceria a resolução de qualquer Estado pela libertação nacional. Um funcionário da CIA escreveu, no contexto da Guatemala, que "a eliminação dos que ocupam altos cargos" no governo "traria seu colapso". A Diretoria de Planos da CIA, em 1949, colocou as mãos em uma lista de militantes de esquerda feita pelos militares guatemaltecos. "Listas de descarte" de pessoas a serem executadas foram divulgadas; líderes camponeses e operários, comunistas, intelectuais marxistas – todos eles estavam nessas listas. Em janeiro de 1952, tinha sua lista de "comunistas de primeira linha a quem o novo governo desejaria eliminar imediatamente em caso de golpes anticomunistas bem-sucedidos". Em um telegrama em 29 de janeiro de 1952, a CIA pediu o seguinte: "O QG deseja listar comunistas e/ou simpatizantes que o novo governo desejaria que fossem encarcerados [sic] imediatamente em caso de sucesso do golpe anticomunista. Solicito que você verifique a lista a seguir e recomende adições ou exclusões". Quando leio a palavra "encarcerado", leio-a como incinerado e não encarcerado. Ambas as palavras se aplicam. As armas foram entregues aos guatemaltecos de direita, e as operações de sabotagem começaram contra o governo Arbenz. Como parte de sua guerra psicológica, a CIA enviou cartões de aviso de morte aos principais comunistas todos os dias, durante o ano de 1953. Criou um novo programa (PBSuccess) para "remover secretamente e sem derramamento de sangue, se possível, a ameaça do atual governo que controla a Guatemala". As equipes de assassinato, o Grupo K e os grupos de sabotagem começaram seu trabalho.

Nos arquivos da CIA na Guatemala está um documento arrepiante de 19 páginas, com um título simples, *Um estudo sobre o assassinato* (1953). "Nenhuma instrução de assassinato deve ser escrita ou registrada", diz este estudo. "As decisões devem ser tomadas em campo e mantidas lá. Há uma lista de ferramentas que podem ser usadas em um assassinato, de martelos a facas de cozinha, 'qualquer coisa dura, pesada e prática será suficiente'". "Confiabilidade absoluta é obtida cortando a medula espinhal na região cervical", o que pode ser feito com uma faca. "Pessoas sensíveis não devem tentar", diz o documento. Tais estudos continuariam sendo produzidos para os militares e paramilitares associados ao longo braço do imperialismo estadunidense. Em

1983, os oficiais hondurenhos leram o *Human Resource Exploitation Training Manual* [*Manual de treinamento para exploração de recursos humanos*], que era menos explícito sobre assassinatos, mas tão claro quanto ao uso da força para obter os resultados desejados – a saber, esmagar a luta de classes. O batalhão 316 das Forças Armadas hondurenhas se encarregava de pegar qualquer um da esquerda, torturá-lo e depois matar aquelas centenas de pessoas que considerava perigosas demais para voltarem à sociedade. Os professores da CIA eram muito bons em seus trabalhos. Dan Mitrione, da CIA, foi para o Uruguai, onde ensinou aos grupos de direita como usar a tortura. "A dor precisa, no lugar exato, na quantidade exata, para o efeito desejado" – esse era o credo dele. Sua tortura favorita era eletrocutar os órgãos genitais. Ele foi morto em 1970 pelo grupo de esquerda Tupamaros.

O relato mais impressionante do politicídio em termos de números é claramente o massacre da esquerda e seus simpatizantes, que ocorreu em um curto espaço de tempo a partir de outubro de 1965. Ao norte da Indonésia, o povo vietnamita continuou a se defender da bomba dos EUA; sua resiliência era clara para a CIA, que observou em outubro: "Hanói continua afirmando sua determinação de continuar a guerra no Vietnã do Sul, apesar do contínuo desgaste da guerra aérea e do aumento de tropas americanas no sul". Em março de 1965, 3.500 fuzileiros navais dos EUA desembarcaram no Vietnã; eles foram os primeiros de centenas de milhares de tropas de combate. Os EUA começaram a intensificar o conflito lá, depois de congelar a guerra na Coreia. No mesmo mês, uma década após o impasse entre as duas Coreias, Kim Il Sung (líder da República Popular Democrática da Coreia) se reuniu com uma delegação chinesa. Ele lhes disse algo que preocupava a CIA. "Se a guerra começar na Coreia no futuro, ainda precisaríamos da sua ajuda e gostaríamos de lutar juntos. O camarada Mao Zedong disse uma vez que o nordeste da China era nossa área de retaguarda e que, além disso, toda a China é nossa retaguarda". A China acabara de testar sua bomba nuclear em 1964 e acabaria por estender seu escudo nuclear sobre a Coreia. A atitude dos EUA foi esclarecida pelo presidente Lyndon B. Johnson. Em um discurso naquele ano, ele disse aos comunistas: "Devemos dizer no sudeste da Ásia, como fizemos na Europa, nas palavras da Bíblia: Até agora vocês vieram, mas não mais". O "não mais" se aplicava não apenas ao sudeste da Ásia, mas a qualquer lugar fora da URSS, da China, das partes norte da Coreia e do Vietná.

Certamente se aplicava à Indonésia, que tinha o maior Partido Comunista fora da China; o Partido Comunista da Indonésia (PKI) tinha um relacionamento importante com o Presidente Sukarno, que começara a se aproximar cada vez mais dos comunistas. Em 1965, uma seção do Exército indonésio se moveu contra Sukarno e assumiu as instituições do país. Então começou o que geralmente é entendido como um dos expurgos políticos mais horríveis dos tempos modernos. O Exército indonésio e seus aliados – principalmente anticomunistas fanáticos, incluindo grupos religiosos – mataram pelo menos um milhão de pessoas neste *pogrom*. O que está fora de dúvida – embora os EUA se recusem a divulgar completamente seus documentos sobre esse período – é que os Estados Unidos e os australianos forneceram às Forças Armadas indonésias listas de comunistas que deveriam ser assassinados, que incitaram o Exército a realizar esses massacres, e que encobriram essa atrocidade absoluta.

O que os telegramas[3] que foram liberados pelos Estados Unidos mostram é que a embaixada dos EUA em Jacarta sabia muito bem o que estava acontecendo. "Uma fonte confiável de Bali informou à Embaixada", escreveu o Conselheiro de Assuntos Políticos em 21 de dezembro de 1965, três meses depois dos assassinatos, "que as mortes de integrantes do PKI na ilha de Bali agora totalizam cerca de 10 mil e incluem os pais e até parentes distantes do Governador criptocomunista Sutedja". A

---

3   Sinônimo de mensagens diplomáticas. (N. T.)

referência aqui é a Anak Agung Bagus Suteja, nascido em uma família nobre, que havia participado das lutas antijaponesas e anti-holandesas e havia sido preso pelos holandeses de 1948 a 1949. Após a independência em 1949, Suteja foi nomeado para conduzir a administração na ilha de Bali. Não apenas o Exército matou sua família extensa, mas ele também foi "desaparecido". O oficial da CIA Edward Masters enviou um telegrama em 1966 que dizia: "Muitas províncias parecem estar enfrentando com sucesso esse problema de executar seus prisioneiros ou matá-los antes de serem capturados". Ele se referiu aos prisioneiros comunistas. Os EUA haviam fornecido ao Exército indonésio uma lista de pelo menos 5 mil líderes comunistas. Os australianos também tiveram sua lista. No início de outubro de 1965, o embaixador da Austrália, Keith Shann, escreveu para dizer que o massacre dos comunistas seria "agora ou nunca" e que ele "devotamente" esperava que o Exército "agisse com firmeza" contra os comunistas. Ele não precisaria se preocupar. Em 1966, o primeiro-ministro da Austrália, Harold Holt, disse a uma audiência em Nova York: "Com 500 mil a um milhão de simpatizantes comunistas eliminados, acho que é seguro assumir que uma reorientação ocorreu".

Seja na Guatemala, seja na Indonésia, seja em 1967, através da Operação Phoenix ou Chiến dịch Phụng Hoàng, no Vietná do Sul, o governo dos EUA e seus aliados incitaram os oligarcas locais e seus amigos nas Forças Armadas a dizimar completamente a esquerda. A Operação Phoenix, no Vietná do Sul, ocorreu de 1967 a 1971. Um memorando da CIA de 1968 ("Avaliação do Programa Phoenix") diz claramente que um dos três objetivos era "neutralizar 12 mil membros da VCI"; VCI[4] significa a infraestrutura Viet Cong. Nessa avaliação, a CIA observa que eles acreditavam que existiriam aproximadamente 82 mil quadros do movimento de libertação nacional vietnamita no sul; destes, em 1968, os EUA e seus aliados no Vietná do Sul foram capazes de

---

4   *Viet Cong infrastructure*, em inglês. (N. T.)

matar 11.066, com 83,5% deles "servindo em vilarejos e aldeias". Os EUA queriam matar os quadros mais avançados, então "as autoridades estadunidenses desenvolveram uma lista de dirigentes executivos e quadros significativos da VCI" que seriam assassinados (ou na linguagem da CIA, neutralizados).

Na América do Sul, o governo dos EUA trabalhou com o arquipélago de juntas militares, da Argentina ao Paraguai, para sequestrar, torturar e assassinar comunistas no continente. Esse programa, que funcionou de 1975 a 1989, foi chamado de Operação Condor. Mataria cerca de 100 mil pessoas e aprisionaria meio milhão. Em um documento da CIA de 1977, chamado "Counter-terrorism in the Southern Cone" [Contraterrorismo no Cone Sul], o autor afirma que a Operação Condor consistiu em uma ação sob a supervisão da CIA, com desenvolvimento chileno de um banco de dados informatizado ("todos os membros contribuirão com informações de terroristas conhecidos ou suspeitos"), e fornecimento brasileiro de equipamentos para o "Condortel" (a rede de comunicações do grupo). As equipes de assassinato da Condor foram acionadas contra comunistas conhecidos, líderes da oposição e grupos de direitos humanos (incluindo membros da Anistia Internacional). Agentes da Condor operavam na Europa para matar comunistas, e mataram o ex-embaixador do Chile nos EUA, Orlando Letelier, e seu associado, Ronni Karpen Moffitt, em Washington em 1976. Há muito se pensa que a CIA estava envolvida nesse assassinato. Enquanto isso, as Forças Armadas argentinas enviaram uma nota apressada de preocupação ao governo dos EUA de que a investigação do assassinato de Letelier poderia levar a informações sobre o assassinato, em 1974, do ex-ministro da Defesa chileno Carlos Prat e sua esposa Sofia Cuthbert; o telegrama argentino deixa claro que o general Prats, um associado próximo de Salvador Allende, havia sido morto como parte da Condor ("medidas devem ser tomadas para ocultar qualquer responsabilidade argentina definitiva no caso Prats a partir de agora").

Por apenas quatro dias em 1971, um golpe comunista no Sudão, liderado pelo major Hashem al-Atta, poderia ter mudado o equilíbrio de forças na África, mas foi logo vencido pelo coronel Gaafar Nimeiry, presidente deposto, que usou o contragolpe como uma oportunidade de prender e assassinar as principais lideranças do Partido Comunista do Sudão – incluindo o fundador do partido Abdel Khaleq Mahgoub – e dos sindicatos.

Essa foi a fórmula usada na Argentina e no Chile, no Brasil, no Iraque e em Gana – uma crueldade foi desencadeada na terra, pois as ideologias políticas mais tóxicas receberam licença total para matar. E então, em suas estações de rádio e televisão, em seus jornais e revistas, os Estados Unidos e seus aliados ou sufocariam a verdade, ou enquadrariam a história para que os comunistas tivessem matado a si próprios.

9. Negue

Quando Arbenz foi deposto, e quando os comunistas foram assassinados, o governo dos EUA negou qualquer participação. Em privado, eles ficaram emocionados. O diretor da CIA, Allen Dulles, escreveu ao embaixador dos EUA em Honduras Whiting Willauer sobre o golpe, que ele chamou de revolução. Posteriormente, Willauer descreveu o telegrama para Dulles, dizendo: "na verdade, a revolução não poderia ter tido sucesso, exceto pelo que eu fiz". O governo dos EUA mascarou suas atividades, inclusive negando pedidos de jornalistas por meio da Lei de Liberdade de Informação de 1966. Nenhum documento foi divulgado até o colapso da URSS. A negação de acesso aos documentos foi acompanhada do incentivo, participação e cumplicidade contínuas do governo dos EUA nos massacres realizados pelo Exército guatemalteco contra qualquer dissidência. Viron Vaky, do Departamento de Estado dos EUA, escreveu em um memorando interno, em março de 1968, que a violência sancionada e conduzida pela CIA na Guatemala apresentava "um sério problema para os EUA em termos de nossa imagem na América Latina e da credibilidade do que dizemos defender".

"O que dizemos defender" – a acidez da hipocrisia na expressão de Vaky.

Se a mecânica do golpe fosse apresentada assim que tivesse acontecido ou logo após, não seria apenas negada, mas a pessoa que fez as acusações seria identificada como um teórico da conspiração. Em 1967, a CIA produziu um despacho (1035-960) chamado "Concerning criticism of the Warren Report" [Sobre as Críticas do Relatório Warren]. Quatro anos antes, uma comissão chefiada pelo presidente da Suprema Corte, Earl Warren, produziu um relatório sobre o assassinato do presidente dos EUA, John F. Kennedy. A CIA temia que a interpretação do relatório amplamente incipiente de Warren estivesse minando toda a "reputação do governo estadunidense". Ela estava ansiosa por menosprezar aqueles que fizeram perguntas sérias sobre as atividades do governo dos EUA. Para desacreditar as críticas, sugeriu que seus agentes entrassem em contato com os críticos liberais da agência e "assinalassem também que partes da conversa sobre conspiração parecem ser deliberadamente geradas por propagandistas comunistas. Incentive-os a usar sua influência para desencorajar especulações infundadas e irresponsáveis".

A ideia da "teoria da conspiração" foi desenvolvida pelo filósofo anticomunista Karl Popper em seu clássico de 1945, *A sociedade aberta e seus inimigos*. Popper era contra a opinião de que guerra, desemprego e pobreza eram o "resultado da arquitetação direta de alguns indivíduos e grupos poderosos". Teorias da sociedade, como o marxismo, que tentavam entender os mecanismos sociais da guerra e do desemprego podiam ser delicadamente descartadas como meras teorias da conspiração. Popper apontou que os grupos conspiratórios eram paranoicos e, como o nazismo, levariam ao totalitarismo e a políticas genocidas. Os liberais de Popper viam qualquer crítica de esquerda ao Estado e à sociedade dos EUA como conspiratória; os verdadeiros teóricos da conspiração – como Joe McCarthy e a John Birch Society – foram menosprezados, depreciados, mas não levados a sério (afinal, como Daniel Bell escreveu, os comunistas, ao contrário da John Birch Society, tinham uma conspiração que "ameaçava qualquer sociedade democrática"). Esta não era uma objeção principiológica às conspirações, mas um ataque de classe a qualquer crítica ao capitalismo e ao imperialismo.

A ideia da teoria da conspiração foi usada para deslegitimar a investigação genuína do comportamento secreto pelo governo. A fé implícita na bondade do poder dos EUA gerou a visão de que seu governo nunca usaria meios ilegais para garantir seus fins e que, se houvesse alguma sugestão de que haviam fomentado um golpe, essa sugestão seria descartada como uma teoria da conspiração.

Aqueles que sugeriram que os EUA participavam de uma conspiração contra o governo de Arbenz seriam ridicularizados como teóricos da conspiração. Mais tarde, quando os documentos provaram que os críticos estavam corretos, era tarde demais.

Produção da amnésia

Os Estados Unidos tinham que ser discretos. Mas não bastava conduzir suas atividades em segredo. Eles tiveram que, ao mesmo tempo, negar seu papel de líder do bloco imperialista e revelar esse papel para gerar medo entre seus adversários. Bissell e seus colegas do Grupo Especial (Contrainsurgência) disseram que os EUA deviam "permanecer em segundo plano", mas, mais tarde, o presidente dos EUA, Richard Nixon, disse a seu chefe de gabinete, H. R. Haldeman, que era a favor "da teoria dos loucos [...] Eu quero que os norte-vietnamitas acreditem que cheguei ao ponto em que posso fazer qualquer coisa para parar a guerra [...] A mão no botão nuclear". As doses homeopáticas de medo pelo poder dos EUA tiveram que acompanhar as doses alopáticas de amnésia sobre o poder dos EUA.

Livre. Liberdade. Foi um golpe de relações públicas essas palavras terem sido associadas ao Ocidente e pintarem a URSS e seus aliados, bem como os novos Estados pós-coloniais independentes, como ditatoriais e autoritários. A ideia do "Mundo Livre" não foi produzida pela realidade – ou seja, que os EUA e seus aliados eram verdadeiramente livres ou estavam comprometidos com princípios liberais básicos –, mas foi produzida por um projeto massivo que envolvia dinheiro e talento, a construção de instituições e organizações, bem como uma imaginação cultural. O Ocidente tornou-se associado à ideia de liberdade através da propaganda.

A ideia do "Mundo Livre" foi mobilizada para produzir uma fé implícita nos Estados Unidos e para deslegitimar o mundo socialista e o projeto do Terceiro Mundo. O dinheiro foi derramado na mídia e em outras indústrias culturais para retratar pessoas como Stalin e Nasser como equivalentes a Hitler. Esses homens foram descritos como a essência do mal, e seus projetos, como contrários à liberdade. O que liberdade significava não era a liberdade de estar totalmente vivo – ter os recursos para comer, aprender, ser saudável –, mas ter eleições e imprensa livres; apesar de toda essa definição ter o peso da falsidade, como o povo da França, Grécia e Itália experimentaram logo após a Segunda Guerra Mundial e como o povo do Terceiro Mundo descobriu enquanto as potências imperialistas afirmavam seu direito de reivindicar suas colônias perdidas. Os franceses, por exemplo, demandaram seus direitos sobre a Argélia e o Vietnã em nome da democracia contra o autoritarismo, assim como os Estados Unidos intervieram regularmente nas Américas, a favor de velhas oligarquias incrustadas, em nome do anticomunismo e antitotalitarismo. Não parecia relevante que o colonialismo francês fosse ele próprio totalitário – como Ho Chi Minh dizia desde a década de 1920 – e que a intervenção dos EUA nas Américas fortaleceu o regime totalitário, incluindo o regime militar. Esses ataques contra a democracia foram conduzidos em nome da liberdade, uma liberdade para os oligarcas e o imperialismo contra o povo. Se os Estados Unidos, os franceses ou os britânicos intervieram nos países do Terceiro Mundo, isso era pela liberdade; o projeto soviético e o Terceiro Mundo eram a essência da falta de liberdade: esse foi um feito notável de interpretação.

Para afirmar tal interpretação, uma versão peculiar da história precisava ser mantida. O passado teve que ser sufocado, a amnésia produzida e o espaço para uma discussão da história real teve que ser apagado. De maneira inteligente, a CIA e seus vários ramos, bem como fundações privadas (como a Fundação Ford), não sentiram a necessidade de financiar intelectuais e movimentos sociais de direita e oligárquicos; eles já estavam comprometidos com o domínio da oligarquia e do imperialismo e obtinham fundos suficientes de fontes privadas. Era mais importante fortalecer a coluna dos liberais e da esquerda anticomunista. Em 1950, o governo dos EUA criou o "Congresso para a Liberdade Cultural" para promover visões anticomunistas entre intelectuais de esquerda em todo o mundo; ao mesmo tempo, fundações estadunidenses inundaram grupos de movimentos intelectuais e sociais com grandes bolsas e subsídios. Seu objetivo era produzir uma mentalidade antimarxista e anticomunista, mesmo à custa da racionalidade. A CIA e a Fundação Ford mantinham um relacionamento íntimo; quando, em 1967, foi revelado que a CIA havia financiado o Congresso para a Liberdade Cultural, a plataforma foi dada à Fundação que a renomeou como "Associação Internacional para a Liberdade Cultural". O dinheiro da CIA-Ford infiltrou, profundamente, tentáculos na *intelligentsia* do Terceiro Mundo, através de revistas como *Black Orpheus* (Nigéria), *Hiwar* (Líbano), *Mundo Nuevo* (Paris), *Quest* (Índia) e *Transition* (Uganda). Esses periódicos, conferências bem financiadas, empreendimentos de livros e filmes se tornaram o caminho para promover ideologias antimarxistas e antinacionais de libertação, incluindo a promoção do primado da religião sobre a razão.

O uso oportunista da religião como baluarte contra o comunismo era uma característica da CIA e da Fundação Ford. A CIA incentivou a Arábia Saudita a criar a Liga Mundial Islâmica, em 1964, como uma maneira de organizar as pessoas no Terceiro Mundo com base na religião e insinuar o perigo estrangeiro do comunismo, do nacionalismo de esquerda, do sindicalismo e até do anticlericalismo. "Em todos os lugares, os países recém--independentes parecem dar grande ênfase ao renascimento de sua religião como forma de fortalecer sua independência cultural e seu patriotismo nacional", observou Don Price, da Fundação Ford, em janeiro de 1955 – meses antes da Conferência de Bandung. "As tradições religiosas da Ásia", escreveu Price a seu chefe, "podem ser um baluarte contra o comunismo". Price reconheceu que a religião deveria ser "uma desvantagem para as nações asiáticas e seus próprios esforços em modernizar-se técnica, econômica e administrativamente", mas esse era um preço que valia a pena pagar. O atraso era melhor que o comunismo, e o atraso podia ser vendido ideologicamente como autêntico ao mundo cultural da Ásia. O comunismo é que era estrangeiro; o atraso era nativo.

Seja patriótico, mate um padre

Em 5 de março de 1971, Nixon reuniu seus conselheiros mais próximos no Salão Oval. Eles estavam falando sobre a América Latina. Nixon apontou que o evento mais importante nos últimos dez anos foi a "deterioração da atitude da Igreja Católica". "Cerca de um terço deles são marxistas, outro terço está no centro, e o outro terço são católicos". "Nos velhos tempos", ele disse, "você podia contar com a Igreja Católica para desempenhar um papel eficaz em muitas coisas". Não mais, não depois do Concílio Vaticano II de 1962 e do surgimento da Teologia da Libertação. Vários padres católicos importantes haviam chegado ao entendimento de que Jesus era um revolucionário e, portanto, deveriam ficar com os camponeses e operários contra os oligarcas e os Exércitos. Como a Igreja havia fornecido andaimes ideológicos e culturais para impedir o crescimento de ideias radicais, a tendência de alguns padres para a esquerda levantou sérias preocupações, não apenas entre as oligarquias e os militares, mas também no escalão superior do Vaticano e no governo dos Estados Unidos.

A CIA mantinha laços estreitos com a Ordem Militar Soberana de Malta, cujos membros atravessam a fraternidade católica e têm uma forte presença nas igrejas em todo o mundo. Quando a liderança nazista fugiu da Europa em 1945, o bispo Alois Hudal, do Vaticano, trabalhou em estreita colaboração com esta ordem para contrabandeá-los para a América do Sul. Klaus Barbie foi neste processo para a Bolívia, onde se tornou um quadro sênior de inteligência para o general Hugo Banzer. Em 1948, a Ordem homenageou Reinhard Gehlen, nazista da CIA que mais tarde se tornou o chefe da inteligência da Alemanha Ocidental. A CIA financiou a Ação Católica, um grupo leigo com vínculos com a Ordem, mas ainda mais com os elementos fascistas de extrema direita que ajudaram a impedir a vitória eleitoral dos comunistas na Itália e que forneciam informações contra qualquer padre de esquerda. A infraestrutura para o armamento da religião contra a esquerda foi produzida após a Segunda Guerra Mundial com um grupo desagradável de fascistas de extrema-direita, nazistas de verdade, agentes da CIA, oligarcas que não queriam mudanças em sua riqueza e setores da igreja.

Em 1975, não muito depois das ruminações de Nixon sobre o catolicismo, Hugo Banzer, da Bolívia, com conselhos de seu chefe de segurança nazista Klaus Barbie, instou seu Ministério do Interior a elaborar um plano contra a Teologia da Libertação. O Ministério do Interior de Banzer estava cheio de fascistas do movimento Falange da Bolívia; por vários anos, o ministério foi dirigido pelo coronel fascista Andrés Selich Chop, antes de tentar um golpe contra Banzer, cuja unidade executou Che Guevara em 1967. Em 1975, o ministério era dirigido por Juan Pereda Asbún, que substituiria Banzer na cadeira de ditador. Pereda trabalhou em estreita colaboração com a CIA para elaborar o que seria conhecido como o "Plano Banzer", um ataque direto à Teologia da Libertação. A inteligência boliviana, junto à CIA e aos serviços de inteligência de dez outros países da América Latina, começou a compilar dossiês sobre os teólogos da libertação, plantar literatura comunista nas igrejas para fechar qualquer publicação progressista da Igreja e prender e expulsar padres e freiras estrangeiros que acreditavam na Teologia da Libertação. Em 16 de julho de 1975, os serviços de inteligência bolivianos prenderam três freiras espanholas na cidade de Oruro, acusaram-nas de conspirar com sindicatos para realizar uma greve e depois as deportaram. Tais prisões e deportações tornaram-se comuns; o Vaticano não fez nada para defender seus padres e freiras. A CIA financiou grupos religiosos fascistas que então bombardeavam igrejas e agrediam padres e freiras afiliados à Teologia da Libertação.

A violência se intensificaria para o assassinato. Em El Salvador, onde padres e freiras passaram a residir nas favelas, os paramilitares religiosos fascistas circularam uma convocatória simples – *haz patria, mata un cura* (seja patriota, mate um padre). Rutilio Grande, um padre jesuíta, foi assassinado pelas forças de segurança salvadorenhas em 1977, em uma série de assassinatos que culminariam no do arcebispo de San Salvador, Oscar Romero, em março de 1980, por um esquadrão de extrema-direita. Em dezembro de 1980, quatro freiras dos Estados Unidos foram sequestradas, estupradas e assassinadas por membros da Guarda Nacional de El Salvador. Isso não acabaria. Em 1989, seis padres jesuítas, a governanta deles e sua filha foram brutalmente mortos por um batalhão do Exército salvadorenho que havia sido treinado pelos Estados Unidos. O cardeal Alfonso López Trujillo, como secretário geral da Conferência Episcopal da América Latina, deixaria sua igreja e entraria nas florestas da Colômbia com os paramilitares; ele era conhecido por apontar padres e freiras radicais, que seriam executados. López Trujillo mais tarde lideraria a campanha do Vaticano contra a homossexualidade. Em 1979, organizou uma conferência dos Bispos da América Latina, onde o Papa João Paulo II disse que a "ideia de Cristo como figura política, revolucionária e subversiva de Nazaré não corresponde à catequese da Igreja".

Dentro de uma década, as preocupações de Nixon com a Teologia da Libertação se transformaram em dois documentos preparados para o governo de Ronald Reagan; esses documentos, de um grupo que se autodenominava Conselho de Segurança Interamericana, são conhecidos como Documentos 1 (1980) e 2 (1984) de Santa Fé. Eles sugeriram que a guerra, não a paz, é a norma nos assuntos mundiais; eles disseram que os principais campos de batalha para a guerra contra o comunismo seriam na América do Sul e no Sudeste Asiático. O ponto principal era que os Estados Unidos deveriam proteger "as nações independentes da América Latina da conquista comunista" e "preservar a cultura hispano-americana da conquista comunista esterilizada". O primeiro documento dizia que padres afiliados à Teologia da Libertação "usam a Igreja como um braço político contra a propriedade privada e o capitalismo produtivo". O segundo documento observou que o governo dos EUA deveria estreitar laços com a hierarquia católica para esmagar a Teologia da Libertação. Em 1983, o papa João Paulo II foi à Nicarágua, no meio de sua revolução, para atacar padres e seu rebanho por sua atração pela Teologia da Libertação.

Não apenas o Vaticano fora dominado pela ameaça da Teologia da Libertação, mas os católicos pareciam se desviar para as igrejas evangélicas – muitas delas financiadas por projetos evangélicos dos EUA, especialmente a Rede de Transmissão Cristã,[5] de Pat Robertson. As igrejas evangélicas maiores – especialmente muitas das igrejas neopentecostais – estavam imunes à tendência à esquerda. Eles eram tão confiáveis quanto as tendências da Opus Dei e da Ação Católica. O general Efraín Ríos Montt, da Guatemala, desprezava padres católicos que entravam nas favelas e dialogavam com comunistas. Seitas protestantes, particularmente aquelas com raízes estadunidenses, ele sentia, pregavam o Evangelho da empresa individual e não da justiça social. É por isso que Ríos Montt deixou os católicos e ingressou na Igreja Evangélica de Eureka (Califórnia). Quando Ríos Montt chegou

---

[5] Christian Broadcasting Network, em inglês. (N. T.)

ao poder, via golpe militar em 1982, Pat Robertson correu para a Cidade da Guatemala para entrevistá-lo no *The 700 Club*;[6] Robertson retratou Ríos Montt para seus mais de três milhões de espectadores como tendo "uma profunda fé em Jesus Cristo". Este é Ríos Montt, que não apenas liberou seu Exército para conduzir um genocídio de seu próprio povo, mas disse: "Se você estiver conosco, nós o alimentaremos, se não, nós o mataremos". Uma década antes, os líderes de 32 igrejas pentecostais no Chile celebraram o golpe de Pinochet. Eles disseram que a derrubada de Allende "foi a resposta de Deus às orações de todos os crentes que reconheceram que o marxismo era a expressão de um poder satânico das trevas. Nós, os evangélicos, reconhecemos como a autoridade superior do nosso país a junta militar que, em resposta às nossas orações, nos libertou do marxismo".

A religião foi o baluarte contra o comunismo, como escreveu sobre a Birmânia, Dom Price, da Fundação Ford.

A resposta ao comunismo está na esperança do renascimento muçulmano

Em agosto de 1951, chegou a Washington um curioso documento de Taipei com o título "Proposal to unite democratic nations and islamic world into an anti-communist force" ["Proposta de unir as nações democráticas e o mundo islâmico em uma força anticomunista"]. O memorando foi enviado a Washington pelo coronel David Barrett, um soldado estadunidense de carreira que era o adido militar no governo nacionalista de Taiwan. Foi escrito por Haji Yousuf Chang, que mais tarde se tornaria um estudioso do Islã na China e estabeleceria, em 1976, a Fundação Cultural da Educação Islâmica em Taiwan. Chang observou que havia três marcos ideológicos que se enfrentavam logo após a Segunda Guerra Mundial – democracia, comunismo e islamismo. A demo-

---

[6] Principal programa de televisão da CBN nos Estados Unidos. (N. T.)

cracia e o comunismo estavam atualmente no meio de uma guerra perigosa na Coreia, não muito longe de Barrett. Enquanto isso, o islamismo poderia ser encontrado desde o canal de Suez até Sumatra. O Islã, ele pensou, poderia se aliar às forças da democracia ou do comunismo, e é por isso que os Estados Unidos deveriam suborná-lo às pressas para se juntar à sua missão anticomunista. Em fevereiro de 1951, John Playfair Price, um diplomata britânico que havia recentemente atuado como cônsul-geral dos britânicos em Khorasan, Sistão e Baluchistão Persa (na margem externa do Irã), disse:

> A resposta ao comunismo está na esperança de renascimento muçulmano, no qual o Paquistão estava bem qualificado para assumir a liderança. A Pérsia pode muito bem provar ser a ponte para a unidade muçulmana. O mundo muçulmano é um reservatório de força. O comunismo pode ser controlado por uma fé mais forte que a sua e essa fé está no Oriente Próximo.

Esta declaração impactou Chang. Ele propôs que o governo dos EUA financiasse um plano de três pontos:

> 1. estabelecer uma Sociedade Cultural Islâmica no local escolhido como o centro do movimento muçulmano, um canal que manteria contato próximo com os muçulmanos do mundo, especialmente os do Oriente Médio e da China;
> 2. publicar panfletos periódicos em inglês, chinês, árabe, urdu e malaio, com o objetivo de conectar estadunidenses e muçulmanos em uma frente unida contra o comunismo;
> 3. tanto a sociedade cultural quanto o escritório que emitiria os panfletos deveriam ser dirigidos por muçulmanos ou da China, ou de qualquer outro país muçulmano. Seria da maior importância que não fosse divulgado aos estrangeiros que esses serviços seriam apoiados pelos Estados Unidos.

Essa era a essência do memorando de Chang. A nota de Barrett anexada ao memorando aplaudiu Chang e sugeriu que ele fosse contratado para implementar a política.

Dois anos depois, no Irã, a CIA operou ao lado do aiatolá Abol-Ghasem Kashani contra a crescente influência e poder do comunista Partido Tudeh. Kashani era um personagem complexo, que, em 1951, havia defendido o Tudeh "como uma organização muçulmana leal" e sugerido uma nova "organização anti-imperialista"; mas depois de uma viagem a Meca, ele voltou ao Irã convencido de que deveria ajudar a derrubar Mossadegh e substituí-lo pelo general Fazlollah Zahedi. Quando William Warne, da Missão de Administração de Cooperação Técnica dos EUA, visitou Kashani em Teerã, em agosto de 1952, o clérigo lhe disse que o que levou o povo ao comunismo foi a miséria e o desespero. "O comunismo", disse ele a Warne, "era o pior inimigo do Irã e que, para impedir o comunismo, a atual condição deplorável do povo deveria ser melhorada. Uma pessoa faminta não vai atrás de valores morais e religião". Foram necessários mais investimentos e desenvolvimento de infraestrutura pelos Estados Unidos, assim como a remoção dos comunistas do país. Mais tarde naquele ano, em novembro, o embaixador dos EUA no Irã, Loy Henderson, foi ver Kashani, que lhe disse que a "situação tornava ainda mais importante que os EUA cristãos cooperassem com o Irã muçulmano para impedir a propagação do ateísmo militante". Durante o dia do golpe contra Mossadegh, as forças de Kashani estavam nas ruas; eles sentiram que seu dia de libertação havia chegado.

Kashani estava ansioso para criar um movimento pan-islâmico, mas ele não foi capaz de ter sucesso em sua missão. Em 1949, o rei Abdullah da Jordânia, o xá do Irã, o rei do Iraque e o presidente da Turquia consideraram o estabelecimento de um movimento pan-islâmico. Eles compartilhavam uma antipatia pela ascensão do nacionalismo e do comunismo anticoloniais. Um funcionário do Ministério das Relações Exteriores britânico escreveu em outubro de 1949: "Na medida em que um movimento pan-islâmico moderno é projetado para criar uma frente comum contra o comunismo, é evidente que devemos fazer tudo o que estiver ao nosso alcance para ajudá-lo". Nenhuma divisão entre xiitas e sunitas, entre a Irmandade Muçulmana e Salafi impediu esse movimento. Que isso não tenha acontecido foi apenas por falta de vontade.

Uma década depois, os sauditas assumiram a liderança para formar esse movimento. Em 18 de maio de 1962, o rei Saud inaugurou uma conferência islâmica em Meca, que reuniu clérigos e estudiosos desde a Argélia até as Filipinas. Naquela tarde, os delegados formaram a Liga Mundial Islâmica (*Rabitat al-Alam al-Islami*). Essa plataforma, financiada pelos petrodólares e incentivada pela CIA, aparecia como uma organização filantrópica quando, na verdade, era uma rede para pregar o evangelho do Islã contra o comunismo e criar células para influenciar os jovens contra o nacionalismo anticolonial e o comunismo, através das terras soviéticas e do Terceiro Mundo. David Long, funcionário dos EUA, disse sobre esse acontecimento: "O pan-islamismo não foi visto, por nós, como uma ameaça estratégica. Havia bandidos fazendo coisas ruins para as pessoas da esquerda, para Nasser. Eles estavam lutando contra os *pinkos*.[7] Portanto, não consideramos o pan-islamismo uma ameaça". Depois que o rei Saud abdicou em nome do príncipe herdeiro Faisal, este partiu em uma turnê mundial para promover a aliança pan-islâmica. Como o Rabitat era uma rede da "sociedade civil", o rei Faisal convidou os governos a irem para Jeddah, em 1969, para criar a Organização da Conferência Islâmica (OIC), um órgão interestatal. A Arábia Saudita financiou o Centro Islâmico de Said Ramadan, em Genebra, para trazer a Irmandade Muçulmana para sua aliança pan-islâmica contra a esquerda. Havia agora uma organização interestatal (OIC), uma organização da sociedade civil (Liga Mundial Islâmica) e uma instituição intelectual (Centro Islâmico de Genebra). O dinheiro veio do petróleo; a direção veio da CIA.

O dinheiro saudita inundou partes do mundo onde, em sociedades com grande número de comunistas muçulmanos ou

---

[7] Termo pejorativo em inglês, surgido nos EUA e que designa simpatizantes do comunismo. (N. T.)

nacionalistas anticoloniais, havia tomado posse e eram predominantes formas heterodoxas do Islã. Mesquitas foram construídas, influência de clérigos, ajuda aos pobres, livros e panfletos distribuídos entre os jovens – um novo tipo de Islã ortodoxo beligerante que foi semeado, e que mais tarde emergiria vigorosamente contra o socialismo e contra o mundo moderno. O "renascimento muçulmano" sobre o qual Haji Yousuf Chang havia escrito em seu memorando de 1951 estava sendo preparado pelas monarquias do mundo árabe e pela CIA.

Peço-lhe fortemente que faça disso um ponto de virada

Se você estivesse na beira de um penhasco em 31 de dezembro de 1979 e olhasse para trás ao longo da década que estava chegando ao fim, a situação no mundo lhe daria chicotadas.

Houve imensos avanços para as pessoas do mundo nos últimos dez anos, com vastas áreas do mundo livres do domínio colonial e das guerras coloniais. Em 1974-1975, os povos sob o colonialismo português conseguiram remover as garras da mais antiga potência colonial da Europa; Angola, Cabo Verde, Guiné-Bissau e Moçambique lutavam contra os portugueses há décadas, e agora eles não apenas conquistaram sua liberdade – mas, através da Revolução dos Cravos, – seu presente de despedida para Portugal foi o fim de seu regime fascista. O impacto da liberdade das colônias de Portugal na África foi imediatamente sentido na Rodésia, onde os combatentes da libertação nacional foram fortalecidos para derrubar o governo de Ian Smith e proclamar um Zimbábue livre em 1980. Em 1975, o povo vietnamita assistiu os imperialistas dos EUA embarcarem em seus helicópteros no telhado da Embaixada dos EUA em Saigon, assim se rendendo à revolução vietnamita. O bombardeio dos EUA no Vietnã com o agente Laranja e Napalm deixou o solo do país repleto de materiais tóxicos pelas próximas gerações; a perda de vidas demoliu uma transição fácil para o socialismo. O Vietná venceu a guerra, mas foi deixado como um cemitério de possibilidades.

Três rápidas revoluções ocorreram mais uma vez em países pobres, cada uma delas resultado de privações do tipo mais drástico e da crença de que as oligarquias não seriam capazes de mudar a situação: Afeganistão (1978), Nicarágua (1979) e Granada (1979). Nenhuma dessas revoluções poderia se estabilizar e colocar em prática as várias agendas socialistas. Antes que a República Democrática Popular do Afeganistão pudesse traçar um caminho para as profundas desigualdades e atrasos, particularmente nas áreas rurais e montanhosas, os Estados Unidos começaram a trabalhar com seus aliados mais diabólicos para minar um movimento comunista dividido internamente. Os EUA minaram o porto de Manágua, na Nicarágua, e desencadearam uma série de guerras sujas não apenas contra o governo sandinista naquele país, mas também contra qualquer força progressista que surgisse em El Salvador e na Guatemala. Por fim, os EUA manipularam os ressentimentos mesquinhos dentro do movimento Nova Joia, em Granada, observaram Maurice Bishop ser executado por seus antigos camaradas e depois invadiram o país para desmantelar qualquer coisa decente produzida pelo movimento.

Parte do que seria visível do topo da montanha eram os golpes – Bangladesh (1975), Chade (1975, 1978) e, claro, Paquistão (1977), Iraque (1978), Coreia do Sul (1979) e Turquia (1980). Embrulhada nesses golpes está a história de uma região, todo o arco da Ásia que vai da Turquia à Coreia do Sul. São golpes com histórias internas. O golpe na Turquia se refere em parte à disputa entre a burguesia secular de Istambul e seus militares kemalistas contra a pequena burguesia islâmica da Anatólia e suas muitas ordens religiosas; assim como o golpe na Coreia do Sul, que ocorre pela primeira vez em 1961, tem a ver com as exigências da Guerra Fria de reter a Coreia do Sul como aliada dos EUA e com os imperativos da classe capitalista sul-coreana que queria conter o trabalho de modo a fazer crescer a economia a uma taxa que se baseou na extrema exploração da classe trabalhadora sul-coreana. Em torno da profunda situação local dos golpes, havia uma ansiedade regional dos imperialistas dos EUA quanto ao aumento da influência da URSS e da China em torno não apenas da Ásia, mas também da Eurásia. É importante colocar neste contexto a nova aliança entre os EUA e a China, forjada em 1972 para enfraquecer fatalmente qualquer tentativa de criar uma frente comunista unida no continente.

Em 2 de janeiro de 1980, o assistente de segurança nacional do presidente Carter, Zbigniew Brzezinski, escreveu um memorando ao presidente sobre a entrada de tropas soviéticas no Afeganistão. O principal argumento do memorando era "tornar os custos para os soviéticos muito altos, impedindo uma consolidação bem-sucedida do poder soviético, se possível". Para fazer isso, os EUA precisariam "construir um sistema de segurança no Golfo Pérsico". "Peço-lhe fortemente que faça disso um ponto de virada", escreveu Brzezinski a Carter. O controle dos Estados Unidos na região começou a vacilar após a Revolução Comunista Saur no Afeganistão, em abril de 1978. Embora essa revolução tenha sido conduzida internamente, com participação soviética mínima, os EUA a consideraram uma extensão do poder soviético. Brzezinski já havia pressionado pela intervenção dos EUA no Afeganistão através do fornecimento de fundos e armas para os *mujahideen* de extrema direita através do governo militar no Paquistão (formado a partir do golpe de 1977, totalmente apoiado por Washington). Mas agora ele queria mais. Havia quatro elementos no plano Brzezinski, cada um deles eventualmente adotado pelos EUA:

1. *uma oferta direta de grande assistência militar ao Paquistão.* Quando o general Zia ul-Haq tomou o poder em setembro de 1977, ligou para o embaixador dos EUA, Arthur Hummel, para informá-lo sobre o que havia feito. Os EUA já sabiam e apoiavam Zia completamente. Quando os soviéticos entraram no Afeganistão, Zia pegou seu tapete de oração e orou; ele sabia que os fundos dos EUA agora

inundariam seu país, que – como Honduras na Guerra Suja da década de 1980 – se tornaria efetivamente uma base militar para a política dos EUA na região;

2. *acelerar a aquisição de bases e uma nova estrutura militar unificada para a região.* A força-tarefa conjunta de implantação rápida dos EUA foi criada em reação à Revolução Iraniana de 1979. Era o componente militar da Doutrina Carter (1980), que dizia que qualquer ameaça ao Golfo Pérsico – principalmente Arábia Saudita – seria vista como ameaça aos Estados Unidos; qualquer ataque ao Golfo Pérsico seria defendido por esta Força-Tarefa que, em 1983, se tornou o Comando Central dos EUA;

3. *ações encobertas no Iêmen do Sul e na Eritreia, bem como no Irã e no Afeganistão.* A inteligência militar dos EUA e a CIA começaram a operar contra a República Democrática Popular do Iêmen do Sul, governada pela Frente Marxista de Libertação Nacional a partir de 1969 e que havia melhorado drasticamente as condições de seu povo (incluindo reforma agrária e direitos iguais para as mulheres); esse governo teve que ser minado. Em 1970, a Frente de Libertação do Povo da Eritreia, um grupo marxista com apoio de massa, surgiu para assumir a liderança da luta pela independência da Etiópia; os EUA operaram para combater essa dinâmica e impedir a criação de uma república socialista no Chifre da África. As operações secretas dos EUA continuaram contra o Irã e, é claro, começaram contra o Afeganistão desde as primeiras horas da Revolução Saur. Pessoas como Gulbuddin Hekmatyar, um fundamentalista que jogava ácido nos rostos de mulheres estudantes da Universidade de Cabul, se tornariam as principais beneficiárias dos fundos da CIA por meio da Operação Cyclone – um programa da CIA para financiar e armar os *mujahideen*, lutadores por Deus, contra o governo afegão. Foi esse programa que

criou o caos que provocou o governo afegão a procurar ajuda da União Soviética. "Não pressionamos os russos a intervir", disse Brzezinski mais tarde, "mas aumentamos conscientemente a probabilidade de que eles o fizessem". Ou, como o chefe do Diretório de Operações da CIA na região, Chuck Cogan, me disse, anos depois, em um restaurante perto da Universidade de Harvard: "Financiamos os piores companheiros desde o início, muito antes da Revolução Iraniana e muito antes da invasão soviética";

4. *um pacote de ajuda à Turquia (financiado quase inteiramente por Bonn e talvez por outros aliados europeus) em troca de ajuda turca no Irã e no Paquistão.* Poderosos movimentos da classe trabalhadora varreram a Turquia na década de 1970, com a ameaça iminente da possibilidade de o país se juntar à onda revolucionária que invadiu a Ásia. Os EUA queriam fazer de tudo para impedir a possibilidade de uma revolução: seu embargo de armas – estabelecido quando a Turquia ocupava o norte de Chipre – terminou em 1979 e, em março de 1980, os EUA e a Turquia assinaram um tratado econômico e de defesa. Dezesseis bases da Otan na Turquia e meio milhão de soldados do Exército turco estavam em jogo; eles tinham que ser protegidos. A austeridade do FMI exacerbou os problemas no país, razão pela qual o governo dos EUA aconselhou o Banco Mundial e a Irving Trust Company a fornecer empréstimos à Turquia, que de outro modo entraria em falência. O comandante da Otan, general Bernard Rogers, general do Exército dos EUA, visitou Ancara quatro vezes em outubro de 1980, enquanto o general David Jones, presidente do Estado-Maior Conjunto dos EUA, visitou o país em novembro. O general da Força Aérea turca, Ali Tahsin Sahinkaya, foi a Washington para – como se costuma dizer – buscar permissão para agir contra o caos na Turquia. Um sinal verde brilhou de Washington para

que as forças armadas turcas tomassem o poder em 12 de setembro de 1980 (um documento da CIA era menos claro, dizendo que as Forças Armadas dos EUA foram "alertadas antes da tomada militar"). O general Kenan Evran assumiu o poder, colocando Turgut Özal como vice-primeiro-ministro para manter a linha do FMI, enviando tanques para esmagar a rebelião da classe trabalhadora e acelerando um exercício militar entre Otan e Turquia chamado Anvil Express para mostrar o apoio da Otan ao golpe. Os serviços de inteligência turcos (MIT), a CIA e o partido fascista MHP vinham matando comunistas desde 1978; isso se exacerbou nos meses após o golpe. A Turquia estava preparada para se tornar um agente militar do imperialismo dos EUA contra a propagação da onda revolucionária. "A Turquia não era como a Argentina", disse Brzezinski a Özal, pois teve mais sorte com sua liderança militar. Eles poderiam confiar que a linha dos EUA seria implementada completamente.

Nesses quatro pontos, Brzezinski não mencionou a Coreia do Sul. Mas, em uma visita à Coreia do Sul, em novembro de 1980, Brzezinski disse que as relações EUA-Coreia do Sul deveriam ser "vistas no contexto do que está acontecendo na Europa e no Golfo Pérsico". "Afeganistão e Irã não são mais Estados-tampão no Oriente Médio", disse ele a Kim Kyong Won, secretário-geral do presidente sul-coreano. A ditadura militar de, cada vez mais "isolado", Park Chung-hee, que decorreu de 1961 até seu assassinato por seu próprio chefe de inteligência, em outubro de 1979, poderia ter levado – graças à já militante classe trabalhadora e à inquietação estudantil – a uma ampla revolução. Foi o que Kim disse a Brzezinski. O assunto foi resolvido com outro golpe militar liderado por jovens oficiais, em particular o general Chun Doo-hwan, que acabou se tornando presidente após o golpe. O anticomunismo maníaco de Chun, fundamentado na Lei de Segurança Nacional anticomunista de 1948, e institucionalizado na polícia e na segurança interna, levou à prisão e à tortura centenas de ativistas. Kim disse que foi isso que impediu a Coreia do Sul de se tornar "outro Irã".

O importante aqui é que Brzezinski estava conversando com Kim em novembro de 1980. Em maio daquele ano, na cidade de Gwangju, no sul, uma revolta popular lutou contra a ditadura de Chun. Chun enviou as forças armadas, em 18 de maio, que abriram fogo e mataram centenas, senão milhares, de pessoas. Chun defendeu sua ação dizendo que estava impedindo um golpe comunista, instigado pela Coreia do Norte. Em 23 de maio, na sede da CIA, ocorreu uma discussão em que Richard Lehman, chefe do Conselho Nacional de Inteligência, afirmou que "não há sinais de algo desagradável em andamento na Coreia do Norte"; ele quis dizer que esta não estava por trás do levante. O embaixador dos EUA, William Gleysteen, escreveu a Washington, em maio, que o levante de Gwangju era uma "ameaça interna", com "pelo menos" 150 mil pessoas envolvidas. Nada disso impactou Washington, onde, em 30 de maio, numa reunião na Casa Branca se concluiu que "a primeira prioridade é a restauração da ordem em Gwangju pelas autoridades coreanas com o mínimo de força necessária, sem plantar sementes para desordens mais amplas posteriormente". O governo dos EUA havia aconselhado a moderação, "mas não descartou o uso da força, caso os coreanos precisassem empregá-la para restaurar a ordem". Em termos mais claros, os EUA disseram ao governo de Chun que era permitido o uso da força.

Em 1997, o presidente Chun foi condenado à morte – mais tarde, a sentença foi abrandada – por seu papel no massacre de Gwangju; os Estados Unidos não fizeram parte do processo, embora o sinal verde dos EUA devesse ter sido investigado (apenas em 2018 foi revelado que os sul-coreanos usaram helicópteros estadunidenses – MD 500 Defender e UH-1 Iroquois – no massacre; as vendas de armas para a Coreia do Sul continuaram sem maiores impedimentos após 1980). O governo dos EUA não teve nenhum problema real com a repressão na Coreia do Sul. Muito melhor deixar que as forças armadas sul-coreanas usassem a força letal do que tolerar "outro Irã"; muito melhor manter a Coreia do Sul como uma base avançada para as ambições do imperialismo dos EUA.

O lençol é muito curto

O Projeto do Terceiro Mundo, apoiado pela URSS, colocou sobre a mesa a ideia da Nova Ordem Econômica Internacional (Noei) em 1973-1974. A Noei defendeu uma transformação total da ordem comercial e de desenvolvimento, levando os princípios do nacionalismo econômico para o cenário mundial. Os Estados Unidos e seus aliados entenderam as implicações perigosas da Noei e encontraram muitas maneiras de prejudicar seu avanço – incluindo a deslegitimação da Assembleia Geral das Nações Unidas, que havia endossado a Noei em 1974. O principal argumento contra a Noei não era intelectual, mas político, com o bloco ocidental usando toda a força de seu poder para conter qualquer contaminação do Terceiro Mundo dentro das organizações multilaterais e pressionando os Estados dependentes de financiamento externo para rejeitar o programa da Noei. Foi nesse período que os EUA e seus aliados pressionaram o FMI e as várias agências de crédito privadas e públicas para vincular empréstimos de todos os tipos – mesmo para desafios de liquidez a curto prazo – a ajustes estruturais em suas próprias economias internas.

Se essas três iniciais, CIA, se associaram ao imperialismo dos EUA no período que vai desde a sua formação até a década de 1970, três novas iniciais, FMI, se associariam a Washington a partir da década de 1970. Os manuais do FMI não vinham com títulos como *Um estudo sobre assassinato,* mas suas políticas tiveram impactos tão prejudiciais quanto este – geralmente por meio de sua própria versão de golpes. Para um golpe do FMI, os militares não precisariam sair do quartel; uma equipe do FMI apareceria na capital e subordinaria o poder financeiro do Estado a poucas demandas-chave sobre o preço da moeda e cortes no orçamento.

Dois ataques significativos, com natureza de golpes financeiros, ocorreram no Zaire (Congo) e no Peru. No Zaire, as autoridades do FMI pediram ao governo entre 1976 e 1978 que desvalorizasse a moeda em 42%, o que levou a um aumento de cinco vezes nos preços ao consumidor e uma queda de um terço nas despesas reais de consumo. Funcionários do FMI basicamente assumiram o comando do Ministério das Finanças e do Banco Central. Em 1977, o FMI chegou a Lima com a proposta de um consórcio, liderado pelo Citibank, ao regime ditatorial liderado pelo general Francisco Morales-Bermúdez Cerruti e sua junta militar; o consórcio se ofereceria para vender os recursos naturais do Peru e cuidar de sua dívida substancial. Bilhões acabariam inundando o país. A palavra *desgobierno*, ou desgoverno, seria cunhada para definir a situação no Peru; é uma palavra que poderia ser usada para os outros Estados que eram membros do Movimento dos Não Alinhados e que enfrentariam o golpe do FMI. O governo de José López Portillo, no México, de 1976-1982, fez o mesmo tipo de acordo com o FMI, entrou em desgoverno, chamou a tropa de choque e entrou em falência em 1982. Washington manteve seu poder seco; o FMI havia feito o trabalho.

Se o FMI vacilava, a CIA se certificava de endurecer sua coluna. Em uma nota importante de 1985 intitulada "Major debtors: problems with the IMF" [Principais devedores: problemas com o FMI], a CIA observou que seus economistas enfrentavam a crise financeira em curso no México com muita leniência. O presidente Miguel de la Madrid, que adotou as sugestões do FMI para aprofundar os cortes no orçamento mexicano, ainda assim temia que seu programa de austeridade estivesse alienando a população. A CIA observou que ele estava "resistindo às sugestões de dentro do governo para fazer cortes profundos nos gastos federais e manter o patamar dos salários". A não conformidade do México com as regras do FMI representaria "o problema mais imediato para os interesses dos EUA", escreveu a CIA. O problema não estava apenas no México, mas na região. Se o FMI permitisse liberdade ao

México, isso "dificultaria a negociação de reformas significativas com o Brasil e a Argentina".

Na época em que a CIA fez sua avaliação do governo de la Madrid, ela redigiu um memorando sobre o novo governo peruano do líder socialista Alan García. García, observou a CIA, já havia feito comentários a favor da revolução nicaraguense e pensava-se que estaria próximo dos soviéticos e cubanos. A retórica anti-FMI de García era necessária em um país onde a política dessa instituição levou a uma severa austeridade. Ele havia feito fortes discursos contra o FMI e pediu aos líderes latino-americanos que viessem ao Peru e assinassem uma Declaração de Lima pedindo condições de pagamento mais favoráveis. Foi essa solidariedade regional o problema. O governo dos EUA pressionou os credores financeiros privados a cessar suas linhas de crédito no Peru. A hiperinflação aumentou, a taxas inacreditáveis de 13.000% ao ano. García perdeu suas bases. Ele foi vaiado quando deixou o cargo; e foi sucedido por Alberto Fujimori, cuja adesão à linha do FMI – apoiada pela CIA e pelo resto do governo de Washington – se chamava Fujishock. Fujimori adotou por atacado a receita do "Consenso de Washington" desenvolvido por John Williamson, do FMI, em 1989 – da disciplina de política fiscal à reforma tributária, desta à privatização e desregulamentação. Essa lista – mais tarde chamada liberalização ou a base política do neoliberalismo – se tornaria uma fórmula para os golpes do FMI.

Em abril de 1983, em um importante resumo intitulado "IMF-led Austerity: Implications for Troubled Borrowers" ["Austeridade liderada pelo FMI: implicações para devedores problemáticos"], a CIA apontou que as políticas do FMI eram necessárias, mas criariam "instabilidade política". "A raiva generalizada e a frustração com a austeridade quase certamente provocarão greves periódicas, manifestações de trabalhadores e possivelmente distúrbios por comida". Greves de trabalhadores, da Bolívia à Zâmbia, ameaçaram sair do controle. "Em nossa opinião", escreveram os analistas da CIA,

> a resistência política à austeridade nos países devedores aumentará com o tempo e se organizará melhor. Acreditamos que uma forte oposição política se desenvolverá se o processo de ajuste for percebido como injusto ou muito severo. Embora, no momento, não haja a previsão de uma revolução em larga escala ou um repúdio total à dívida nos principais países devedores.

Dois anos depois, em 1985, o governo cubano tentou organizar o descontentamento em um repúdio total à dívida. Os cubanos organizaram, naquele ano, a Conferência da Dívida em Havana. O encontro ocorreu à sombra da Base Naval de Guantánamo, controlada pelos Estados Unidos desde 1898. O romancista Gabriel García Márquez esteve na conferência, onde ele, como Castro, sentou-se e tomou notas. Um jornalista perguntou-lhe sobre sua opinião sobre a política do FMI e o Consenso de Washington. García Márquez confessou que não era especialista em questões financeiras, "mas, mesmo eu, sei que o lençol é muito curto e, se puxarmos o lençol sobre a cabeça, nossos pés ficarão para fora".

A dívida de sangue

Quando o capitão Thomas Sankara, um jovem oficial militar, assumiu o poder em seu país natal, ele mudou o nome de Alto Volta para Burkina Faso – a terra das pessoas justas. Isso foi em 1983, no meio da crise da dívida exacerbada pelo FMI. "As origens da dívida remontam às origens do colonialismo", disse Sankara na cúpula da Organização da Unidade Africana, em julho de 1987; o objetivo da cúpula era criar uma frente unificada dos Estados africanos para repudiar suas dívidas. "Não podemos pagar a dívida porque não somos responsáveis por essa dívida", afirmou Sankara. "Ao contrário, outros nos devem algo que nenhum dinheiro pode pagar. Ou seja, uma dívida de sangue".

Em um momento de desesperança, quando a dívida devastou os Estados da África, Ásia e América Latina, Sankara veio com esperança e pregou confiança. Levante-se, ele diria, e olhe nos olhos do mundo, pois sua dignidade não pode ser diminuída. Foi uma mensagem poderosa. Em 1985, Sankara expôs sua teoria da confiança:

> Você não pode realizar mudanças fundamentais sem uma certa quantidade de loucura. Nesse caso, vem da não conformidade, da coragem de dar as costas às velhas fórmulas, da coragem de inventar o futuro. Foram necessários os loucos de ontem para podermos agir com extrema clareza hoje. Eu quero ser um daqueles loucos. Devemos ousar inventar o futuro.

O imperialismo não permitiria isso. As conspirações contra ele aconteceram rápida e furiosamente.

Os franceses ainda não tinham aberto os arquivos de suas atividades, mas os rumores em Ouagadougou – capital de Burkina Faso – continuavam vivos sobre a intervenção da França e da CIA para minar os esforços de Sankara. Em 2009, o jornalista italiano Silvestro Montanaro entrevistou o senador da Libéria e senhor da guerra, Prince Johnson, que lhe disse – sendo gravado – que "havia uma conspiração internacional para se livrar desse homem", ou seja, Sankara. Cyril Allen, ex-chefe da companhia nacional de petróleo da Libéria, disse a Montanaro "que Sankara estava muito à esquerda. Os estadunidenses não estavam felizes com Sankara. Ele estava falando em nacionalizar os recursos de seu país para beneficiar seu povo. Ele era socialista, então, tinha que ir embora". O general Momo Jiba, ajudante de campo de Charles Taylor, o senhor da guerra da Libéria, aproximou-se de Sankara para permitir que Taylor usasse Burkina Faso para iniciar sua guerra regional. Sankara disse a Momo que ele não estava interessado. Taylor se encontrou com o ministro da Defesa de Sankara, Blaise Compaoré, na Mauritânia, junto com um "homem branco de Paris". Eles então realizaram outra reunião na Líbia, onde decidiram matar Sankara. Cyril Allen disse: "Os estadunidenses e os franceses sancionaram o plano. Havia um agente da CIA na embaixada dos EUA em Burkina Faso trabalhando em estreita colaboração com o serviço secreto da embaixada francesa, e eles tomaram as decisões cruciais". Momo e Johnson fizeram parte da trama.

Antes de ser morto a tiros, em 15 de outubro de 1987, Sankara havia escrito: "Quaisquer que sejam as contradições, quaisquer que sejam as oposições, as soluções serão encontradas enquanto a confiança reinar". O assassinato de Sankara encerrou um longo ciclo de libertação nacional à medida que a confiança diminuiu, à medida que a crise da dívida varreu a esperança e à medida que a URSS começava sua morte lenta.

E todas as câmeras já debandaram para outra guerra

Depois de cada guerra
alguém tem que fazer a faxina.
Colocar uma certa ordem
Que, afinal, não se faz sozinha.

Alguém tem que jogar o entulho
para o lado da estrada
para que possam passar
os carros carregando os corpos.

Alguém tem que se atolar
no lodo e nas cinzas
em molas de sofás
em cacos de vidro
e em trapos ensanguentados.

Alguém tem que arrastar a viga
para apoiar a parede,
pôr a porta nos caixilhos,
envidraçar a janela.

A cena não rende foto
e leva anos.
E todas as câmeras já debandaram
para outra guerra.

As pontes têm que ser refeitas,
e também as estações.
De tanto arregaçá-las,
as mangas ficarão em farrapos.

Alguém de vassoura na mão
ainda recorda como foi.
Alguém escuta
meneando a cabeça que se safou.
Mas ao seu redor
já começam a rondar
os que acham tudo muito chato.

Às vezes alguém desenterra
de sob um arbusto
velhos argumentos enferrujados
e os arrasta para o lixão.

Os que sabiam
o que aqui se passou
devem dar lugar àqueles
que pouco sabem.
Ou menos que pouco.
E por fim nada mais que nada.

Na relva que cobriu
as causas e os efeitos
alguém deve se deitar
com um capim entre os dentes
e namorar as nuvens.[8]

Wislawa Szymborska, "Fim e Começo"

---

[8] Tradução de Regina Przybycien para o poema de Wislawa Szymborska, na coletânea "Poemas". São Paulo: Companhia das Letras, 2011. (N. T.)

PARTE 3

Nossa estratégia agora deve encontrar novo foco

Quando as luzes se apagaram na URSS e o projeto do Terceiro Mundo se rendeu ante a liberalização imperialista, uma nova era de intervenção se abriu. Se a era anterior parecia uma sequência de golpes, intervenções e invasões, povoada por uma galeria de carniceiros, assassinos e corruptos apoiados pelos serviços de inteligência do Ocidente, agora, após a queda da URSS e da rendição do Terceiro Mundo, o escudo na ONU desapareceu, e as intervenções do Ocidente vieram como um tsunami.

Ficou claro, por várias décadas antes de 1989, que os Estados Unidos tinham a força militar mais poderosa do mundo. A invasão estadunidense do Panamá, em 1989, foi um ensaio geral para as novas guerras da era pós-Guerra Fria. Os Estados Unidos passaram a prestar atenção a um velho aliado – Manuel Noriega – que serviu fielmente à CIA por décadas; esse aliado agora era demonizado como o pior patife do planeta, com a mídia escancarando as provas de suas muitas qualidades terríveis. Depois que o terreno ideológico foi definido, os Estados Unidos lançaram uma invasão maciça que começou com bombardeios aéreos para pacificar as já combalidas forças de segurança do novo inimigo. A guerra inteira foi televisionada, apresentando um aviso para que outros não se posicionassem contra os Estados Unidos: uma celebração, para aliados, da grandiosidade do poder dos EUA. As tropas das forças especiais desembarcaram, agarraram Noriega e depois o levaram a julgamento e prisão nos Estados Unidos. A Assembleia Geral da ONU condenou a invasão como uma "violação flagrante do Direito Internacional". O Conselho de Segurança da ONU rapidamente preparou uma resolução contra a invasão, mas – sem argumento – França, Reino Unido e Estados Unidos a vetaram. Não houve constrangimento com esse uso extremo da força.

Em 2 de agosto de 1990, os Exércitos do Iraque invadiram o Kuwait – em parte como retribuição por uma disputa sobre o petróleo, em parte porque Saddam Hussein desejava reivindicar uma dívida não paga dos árabes do Golfo pela guerra contra o Irã. Os Estados Unidos, através da Doutrina Carter, foram obrigados a proteger a Arábia Saudita, que faz fronteira com o Kuwait. O presidente dos Estados Unidos, George W. Bush, mostrou ao rei saudita fotos falsas de satélite das tropas iraquianas nas fronteiras sauditas; os sauditas, aterrorizados, permitiram que todo o peso da máquina de guerra dos EUA descesse na Península Arábica e nas águas do Golfo. Sob imensa pressão dos Estados Unidos, a ONU aprovou a resolução 661 (agosto de 1990), que forneceria o modelo para todos os futuros regimes de sanções. Esta resolução permitiu à ONU impor um cerco medieval contra o povo do Iraque desde a sua aprovação, em 1990, até os Estados Unidos o invadirem, em 2003. Os EUA pressionaram os membros do Conselho de Segurança da ONU a adotarem a resolução 678 (novembro de 1990) sob o capítulo VII – que permitia aos "Estados-membros" usarem "todos os meios necessários", incluindo ações armadas contra o Iraque. Cuba e Iêmen foram os únicos países a votar contra esta resolução, que deu aos Estados Unidos a permissão da ONU para destruir o Iraque. Quando a poeira baixou, em março de 1991, a ONU enviou uma equipe ao Iraque liderada pelo subsecretário-geral Martti Ahtisaari. Ele descobriu que o bombardeio dos EUA fez o Iraque retornar a uma "era pré-industrial", e o deixou em um estado "quase apocalíptico". O Iraque – sem alimentos e provisões adequadas – estava perto da "catástrofe iminente" e poderia enfrentar "epidemia e fome se as enormes necessidades de suporte à vida não fossem rapidamente atendidas". Isso não comoveu ninguém. As resoluções da ONU foram duras e rápidas, e a população do Iraque sofreu a destruição de sua civilização.

Em 1996, a secretária de Estado dos EUA, Madeleine Albright, foi ao *60 Minutes*.[1] A Organização das Nações Unidas para Agricultura e Alimentação (FAO) divulgou um relatório sobre o impacto das sanções das Nações Unidas, lideradas pelos EUA, no Iraque. Mostrou que 567 mil crianças iraquianas com menos de cinco anos morreram por causa dessas sanções. Lesley Stahl, do *60 Minutes*, perguntou a Albright: "Ouvimos dizer que meio milhão de crianças morreram. Quero dizer, são mais crianças do que as que morreram em Hiroshima. O preço vale a pena?". Nem o *60 Minutes*, nem Albright, contestaram o relatório da ONU ou os danos causados ao Iraque. Albright não esperou um segundo. Ela respondeu: "Acho que é uma escolha muito difícil, mas achamos que vale a pena o preço". Foi isso então. A destruição total do Iraque valeu a pena. Mas o que estava sendo comprado a esse preço? A supremacia dos EUA.

Sentado em um dos palácios do regime, em 24 de fevereiro de 1991, Saddam Hussein e seus conselheiros mais próximos se preocuparam com o ataque que estava por vir. Os EUA estavam bombardeando posições iraquianas no mês anterior e naquele dia as forças estadunidenses entraram no Kuwait. Hussein se perguntou por que a URSS não interveio para impedir a escalada dos Exércitos dos EUA na região do Golfo. A União Soviética já havia entrado em colapso, o que se concretizaria no final daquele ano. Mas, em fevereiro, a liderança iraquiana se perguntou sobre o silêncio de Moscou. O ministro da Cultura de Saddam, Hamid Hammadi, colocou a questão claramente. Os Estados Unidos não estavam preocupados com a invasão do Kuwait pelo Iraque, disse ele; o Kuwait dificilmente era o verdadeiro problema. A embaixadora dos EUA no Iraque, April Glaspie, basicamente deu a Saddam Hussein o sinal verde para invadir o Kuwait, pouco antes de sair de férias. Os Estados Unidos também não estavam preocupados com o poder militar do Iraque – severamente esgo-

---

[1] Programa estadunidense de televisão da rede CBS. (N. T.)

tado pela guerra contra o Irã; os sauditas sabiam que a invasão de Saddam ao Kuwait pararia na fronteira deles, já que ele não havia reivindicado as terras sauditas. Outra coisa estava acontecendo, Hammadi apontou. "Todos esses processos pretendem não apenas destruir o Iraque", disse ele ao círculo interno, "mas eliminar o papel da União Soviética para que os Estados Unidos possam controlar o destino de toda a humanidade".

A avaliação de Hammadi refletia a dos próprios analistas do governo dos Estados Unidos. Um grupo de políticos do Departamento de Defesa dos EUA – Equipe B – elaborou uma Diretriz de Planejamento de Defesa em 1990. A Equipe, liderada pelo futuro vice-presidente Dick Cheney, escreveu:

> Nosso primeiro objetivo é impedir o surgimento de um novo rival, seja no território da antiga União Soviética ou em qualquer outro lugar, que represente uma ameaça da ordem tal como a representada pela União Soviética. Essa é a consideração dominante, e exige que nos esforcemos para impedir que qualquer poder hostil domine uma região cujos recursos, sob controle consolidado, sejam suficientes para gerar poder global. Nossa estratégia agora deve se concentrar em impedir o surgimento de qualquer potencial novo concorrente global.

Foi o que Hammadi disse a Hussein dentro do palácio, quando as bombas estadunidenses caíram ao seu redor. É o que o "Projeto para um Novo Século" americano havia dito em "Rebuilding America's Defenses" ["Reconstruindo as defesas da América"], uma década depois: "A paz americana deve ser mantida e expandida". Pax Americana, outra maneira de dizer "o imperialismo dos EUA", "deve ter uma base segura sobre a preeminência militar inquestionável dos EUA". Isso seria repetido na Estratégia de Segurança Nacional dos EUA de George W. Bush, de 2002: "Nossas forças devem ser fortes o suficiente para dissuadir os adversários em potencial de perseguir um acúmulo militar na esperança de superar ou igualar o poder dos Estados Unidos".

Mas a guerra assimétrica – a guerra total – nunca foi suficiente. Pode vencer batalhas e destruir cidades, mas não vence guerras e nem se infiltra na mente e no coração. Ter "domínio do espectro total" sobre uma sociedade exige mais do que isso – exige uma guerra híbrida que inclui sabotagem e bloqueios econômicos, bem como campanhas culturais e de mídia para minar a verdade. A guerra híbrida é uma combinação de meios não convencionais e convencionais, usando uma variedade de atores estatais e não estatais que atravessam o espectro da vida social e política. Parte dessa guerra híbrida é a batalha de ideias, com os Estados Unidos e seus aliados oligárquicos sufocando os países hostis por sabotagem e bloqueios econômicos e, em seguida, incitando a população a agir em uma "revolução colorida" contra o governo. Uma vez que o regime é alterado, não há lastro político para o próprio povo criar um novo governo que esteja sintonizado com as esperanças populares. Em vez disso, o elenco de personagens que povoam o novo regime são rostos antigos da oligarquia e de vários programas de treinamento dos EUA.

Poderes em ascensão criam instabilidade no sistema internacional de Estados

Em 1991, o secretário de Estado dos EUA, James Baker, sugeriu que o sistema centro e raios que definia os antigos arranjos da Guerra Fria permaneceria intacto no novo período, mas seria estendido pela captura das organizações multilaterais. Ele se concentrou na questão do leste da Ásia. A história do sistema centro e raios "deu forma ao processo de Cooperação Econômica Ásia-Pacífico (Apec)"; sem essa história antiga, não haveria possibilidade de construir a Apec, um instrumento para a entrada tranquila de empresas capitalistas transnacionais na região asiática. O Japão era a "pedra angular" do antigo sistema centro e raios no leste da Ásia; no novo sistema, o Japão, a Coreia do Sul, a Associação das Nações do Sudeste Asiático e a Austrália seriam os "raios de estabilização e fortalecimento do leque". As organizações multilaterais Apec e Asean dariam mais legitimidade para a extensão do poder dos EUA do que era possível através da antiga arquitetura centro e raios.

Essas organizações regionais multilaterais, seja a Apec no Leste da Ásia ou a OEA nas Américas, trabalhariam ao lado de organizações nominalmente internacionais, como o FMI e o Banco Mundial, e instituições financeiras regionais, como o Banco de Desenvolvimento Asiático, para orientar a agenda dos EUA em todo o mundo. Se essas ideias encontrassem resistência, a pressão viria das alianças militares próximas que deveriam ser estabelecidas multilateral ou bilateralmente, seja através da Otan ou da Anzus (a Aliança Militar da Austrália, Nova Zelândia e EUA).

Os dentes do imperialismo se revelaram quando surgiu a questão das bases militares. Quando a URSS entrou em colapso, o governo dos EUA sofreu uma pressão modesta de sua população por um "dividendo de paz", para transferir parte do orçamento militar para gastos sociais. Mas o presidente dos EUA, Bill Clinton, não tinha vontade política de diminuir o tamanho das Forças Armadas dos EUA ou sua presença global. O secretário adjunto de Defesa dos EUA, Joseph Nye, escreveu um documento estratégico: "US security strategy in the East Asia-Pacific region" ["Estratégia de segurança dos EUA na região do Leste da Ásia-Pacífico"], em 1995, que fortaleceu o compromisso dos EUA de manter suas bases no leste da Ásia; essas bases incluíam a ocupação efetiva dos EUA na ilha japonesa de Okinawa (onde um quinto inteiro da ilha é uma base militar dos EUA) e o retorno da base dos EUA em Subic Bay (Filipinas). Nye escreveu que os EUA não poderiam se retirar de suas bases ou alterar seus altos gastos com defesa porque "poderes crescentes criam instabilidade no sistema internacional de Estados". Nenhum poder deveria ter permissão de desafiar a nova arquitetura de dominação global, com os EUA no centro desse sistema estatal. Os EUA devem, escreveu Nye, manter todas as suas bases, especialmente na Ásia, pois elas "nos permitiriam responder rapidamente para proteger nossos interesses, não apenas na Ásia, mas tão longe quanto o Golfo Pérsico".

A base de Okinawa, em particular, é "a pedra angular da nossa estratégia de segurança para toda a região". A vontade do povo de Okinawa e a dos povos das Filipinas e de Diego Garcia[2] foram desconsideradas.

Suzuyo Takazato, líder da organização Ação das Mulheres de Okinawa contra a Violência Militar, chamou Okinawa de "filha prostituída do Japão". Esta é uma caracterização brutal. O grupo de Takazato foi formado em 1995 como parte dos protestos contra o estupro de uma menina de 12 anos por três militares dos EUA baseados em Okinawa. Há décadas, os okinawanos reclamam da criação de enclaves em sua ilha que funcionam como locais para a recreação de soldados estadunidenses. O fotógrafo Mao Ishikawa retratou esses lugares, os bares segregados onde apenas soldados dos EUA podem ir e encontrar mulheres de Okinawa (seu livro, *Flor vermelha: as mulheres de Okinawa*, coleciona muitas dessas imagens da década de 1970). Houve pelo menos 120 estupros registrados desde 1972, a "ponta do *iceberg*", diz Takazato. Todo ano há pelo menos um incidente que captura a imaginação do povo – um ato terrível de violência, estupro ou assassinato. O que as pessoas querem é que as bases sejam fechadas, uma vez que as veem como a razão desses atos de violência. Não basta pedir justiça após os incidentes; é necessário, dizem eles, remover a causa dos incidentes – ou seja, as bases. A sabedoria de pessoas como Suzuyo Takazato é que elas dizem que essas bases – supostamente criadas para manter a segurança – são a razão da insegurança do povo de Okinawa.

A questão de Okinawa levou o recém-fundado Partido Democrático do Japão a uma vitória esmagadora nas eleições, em agosto de 2009. O novo primeiro-ministro, Hatoyama Yukio, havia feito declarações muito firmes contra as bases estadunidenses na ilha; o novo ministro da Defesa, Okada Katuya, disse que era "muito patético" para o Japão apenas "seguir o que os EUA dizem". O

---

[2] Ilha no Oceano Índico. (N. T.)

secretário de Defesa dos EUA, Robert Gates, recebeu ordens do presidente Obama de que a posição de Hatoyama em Okinawa não poderia ser tolerada. Gates chegou a Tóquio em outubro de 2009, recusou-se a comparecer ao jantar de boas-vindas e disse que haveria "sérias consequências" se Hatoyama seguisse suas promessas políticas. Obama iria a Tóquio em novembro; mas encurtou sua viagem para uma escala de 24 horas a caminho da reunião da Apec em Cingapura. A pressão de Washington era implacável. Hatoyama tentou forjar uma aliança com a China para combater a pressão dos EUA. Isso não foi útil; apenas irritou ainda mais o governo dos EUA. O partido de Hatoyama começou a vacilar sob a pressão, e ele foi forçado a aceitar quase todas as exigências dos EUA. Não foi suficiente. Os EUA queriam mais. Hatoyama disse a Obama em um jantar em abril de 2010 que faria o que os EUA disseram. O tom da resposta de Obama foi tão nítido que os japoneses decidiram não registrar a conversa. Hatoyama se rendeu, assinou o acordo dos EUA e depois renunciou. Este foi um golpe por pressão. Essas são algumas das 883 bases militares dos EUA em 183 países; por meio de golpe, a presença deles se faz eterna.

Em 2012, a CIA circulou um documento secreto dentro da agência e para os principais departamentos do governo dos EUA com um título interessante: "A master narratives approach to understanding base politics in Okinawa" [Uma abordagem de narrativas mestras para entender a política da base em Okinawa]. Este foi um exercício de estudos culturais, um texto que argumentou contra a "narrativa da vitimização" que, segundo ele, foi promovida por pessoas como o ex-governador Masahide Ota e a esquerda. Outras narrativas – o "povo pacífico" e a "bela ilha" – retratariam Okinawa como intocável e sendo destruída pelos Estados Unidos. Para combater essa "narrativa", a CIA sugeriu que o governo dos EUA deixasse claro que Okinawa é uma "ponte para o mundo" (a "narrativa de encruzilhada") e que "as bases em Okinawa ajudam a manter a região segura e, assim, possibilitar um intercâmbio econômico e cultural regional aprimorado". As bases, em outras palavras, são uma janela para a globalização – economia de mercado, por um lado, e poder militar, por outro. Mas não para os okinawanos; os benefícios são para as empresas transnacionais e a manutenção do sistema imperialista contra "potências emergentes".

Pavimentar o país inteiro

Pouco tempo depois do colapso da URSS, o governo dos EUA aproveitou a vantagem para rotular todos os governos, que não concordavam com a dominação liderada pelos EUA, como "Estados vilões".[3] Esta teoria deu aos EUA a capacidade de apropriar-se de todo o discurso do liberalismo e dos direitos humanos – o Ocidente é, *ipso facto,* o árbitro dos direitos humanos e do liberalismo, e aqueles que consideram violadores desses princípios amplos são considerados Estados vilões e terroristas. Se se demonstrasse que o regime de sanções dos EUA contra o Iraque (como a Unicef demonstrou) foi responsável pela morte de meio milhão de crianças, isso não devia ser visto nem como a operação de um estado vilão ou terrorista – isso era simplesmente uma infelicidade. Se um Estado vilão ou terrorista matou algumas centenas de pessoas, ou mesmo dez pessoas, isso seria uma catástrofe de direitos humanos. O sequestro da narrativa de direitos humanos e liberalismo pelos EUA foi um triunfo tão significativo quanto sua superioridade militar esmagadora. Agora, o poder militar poderia ser utilizado em nome do liberalismo e dos direitos humanos para obter aquilo que os EUA chamavam de "dominação de espectro total".

Para os aliados subsidiários, em suas capitais regionais, havia uma grande vantagem ideológica em imitar os termos gerais do novo sistema centro e raios. Qualquer ameaça local ao poder regional poderia ser de um Estado vilão (se fosse um Estado vizinho)

---

[3] *Rogue states,* em inglês. O adjetivo pode ser traduzido por fora da lei ou também como desonesto ou trapaceiro. Optamos por vilão por ser a versão que vem se afirmando na literatura de Relações Internacionais. (N. T.)

ou terrorista (se fosse uma força interna). Nenhuma análise mais seria necessária para verificar se essa descrição era verdadeira. A guerra da Colômbia contra as Farc, a guerra do Sri Lanka contra os Tigres Tâmeis, a guerra da Turquia contra o PKK ou a guerra da Índia contra os maoístas se encaixaram rapidamente nessa narrativa; todos os Estados que precisavam usar qualquer método militar possível para combater ameaças locais receberam licença para fazê-lo. O desejo do Japão de se rearmar e as calúnias de Israel contra os palestinos foram justificadas por supostas ameaças de Estados que os EUA classificaram como vilões, como Coreia do Norte e Irã. Os raios tiveram uma grande vantagem com essa nova geografia do poder, reconstruindo suas animosidades mais antigas em torno da nova história contada por Washington.

O ataque de 11 de setembro de 2001, foi recebido pelas autoridades dos EUA – em poucos dias – com mecanismos legais que lhes permitiram processar uma "guerra ao terror" global e permanente. Mas a infraestrutura e os testes para essa guerra já haviam ocorrido na década anterior a 2001 – como na guerra assimétrica e híbrida contra o Iraque, no bombardeio da Iugoslávia e na guerra contra a Al-Qaeda. A justificativa era permitir que os EUA entrassem em guerra não para evitar um ataque, mas para prevenir um ataque – o que significava que poderia ir contra qualquer um que acreditasse que poderia, mesmo no futuro distante, ser contra os Estados Unidos. Em seu discurso sobre o Estado da União de 2004, o presidente George W. Bush disse que os EUA nunca buscariam "autorização" em questões de segurança. Isso remonta à tentativa de subordinação da ONU aos caprichos dos EUA e ao impulso, nas décadas de 1990 e 2000, de usar a ONU assimetricamente para os seus interesses – seriam criadas normas globais que não se aplicariam aos EUA. O desprezo pelo Protocolo de Kyoto sobre gases de efeito estufa e pelo Tratado de Paris sobre as mudanças climáticas, em relação ao Tratado de Roma que criou o Tribunal Penal Internacional; pelo Tratado de Antimísseis de Defesa Balística e pelo Tratado de Proibição Completa de Testes, em relação ao acordo nuclear com o Irã; foi a consequência necessária da premissa da primazia dos EUA. As violações da Guerra ao Terror contra as Convenções de Genebra, a Convenção contra a Tortura e até a Constituição dos EUA derivaram da ideia de primazia. A lei, no mundo da primazia, só é útil se restringir as ações de outros, não do Estado mais poderoso (imitando a velha máxima feudal, *nulle terre sans seigneur* [nenhuma terra sem senhor] – nenhum direito de viver, em outras palavras, sem conceder a licença ao Estado mais poderoso para que faça o que quiser).

A lista de Estados vilões seria elaborada por Washington, e somente por Washington. Em 1996, o diretor da CIA, John Deutch, listou quatro "nações vilãs" – Irã, Iraque, Coreia do Norte e Líbia – em seu relatório ao Senado dos EUA. Esses países "construíram forças militares significativas e procuraram adquirir armas de destruição em massa". A lista seria posteriormente estendida para incluir Líbano, Somália, Sudão, Síria e Venezuela. Os EUA se deram a licença para obliterar os países, uma política que remonta ao genocídio dos povos indígenas das Américas no século XVIII e às guerras dos EUA no século XIX, como nas Filipinas. Em 1898, o general Jacob Smith ordenou que suas tropas "matassem todo mundo com mais de dez anos" e criassem um "deserto uivante" nas Filipinas. Meio século depois, no Vietnã, uma equipe de pilotos de helicópteros dos EUA pintou o *slogan* "A morte é nosso negócio, e negócios são bons" ao lado de seus quartéis. A paisagem tinha que ser pacificada ou destruída. O *ethos* aqui foi definido pelo presidente dos EUA, Lyndon B. Johnson: "é bobagem falar sobre quantos anos passaremos nas selvas do Vietnã quando poderíamos pavimentar o país inteiro, colocar faixas de estacionamento e ainda estar em casa para o Natal".

Estes eram incômodos menores. Havia outros dois que Deutch reconheceu serem as ameaças reais – "duas grandes potências, Rússia e China, estão em processo de metamorfose e sua forma final ainda está em questão". A Rússia havia sido neutralizada por Boris Yeltsin e pelos oligarcas, que haviam despojado seu país e entregue sua soberania, conquistada com dificuldade, às finanças internacionais; sua política de "estabilização macroeconômica" fez a Rússia perder 50% de seu Produto Interno Bruto e a expectativa de vida caiu em seis (homens) e três anos (mulheres) durante os anos Yeltsin, de 1991 a 1999. Enquanto isso, a China estava profundamente envolvida em sua fase de reformas, que se abriu em 1978, e depois, novamente, em 1992. Quando Jiang Zemin assumiu o cargo, em 1993, o PIB chinês havia começado a disparar, embora o país sofresse de uma profunda divisão rural-urbana que se aprofundara devido à política de Deng Xiaoping de que "algumas áreas podem ficar mais ricas que as outras". Em 1996, quando Deutch apresentou seu relatório, esses dois países não eram ameaças nem Estados vilões. Esperava-se que "sua forma final" se parecesse com a União Europeia – subordinados aos EUA para controlar o mundo.

Os EUA somente ameaçaram países cujos militares – disseram os planejadores de guerra dos EUA – eram uma ameaça insignificante ao poder dos EUA. Se algum país tivesse um Exército que pudesse realmente ameaçar os EUA, não haveria confronto direto; apenas aquele que pudesse ser completamente destruído de longe seria ameaçado e atacado. Mas mesmo assim havia problemas: qualquer sinal de resistência, como na Somália, este seria removido; o imperialismo pode bombardear países inteiros, mas descobriu – mesmo em seu ponto militar mais alto – que não pode subordinar pessoas.

Bancos, não tanques

Nos anos 1980, a crise da dívida no Terceiro Mundo corroeu a soberania de grande parte do mundo e – por razões complexas – o sistema estatal comunista começou a desmoronar. Quando colapsaram no início dos anos 1990, os Estados Unidos se afirmaram como o principal polo, liderando o bloco imperialista, em várias áreas, desde a gaiola de ferro do poder militar até a luva de veludo do desejo cultural. Este foi o período que os EUA e seus aliados chamaram de "globalização". A remoção dos escudos da URSS, em particular, enfraqueceu a vontade política do bloco do Terceiro Mundo; os membros individuais desse bloco correram para Washington para beijar o anel do presidente dos EUA, buscar ganhos econômicos modestos e impedir que seu governo fosse visto como "vilão" ou "terrorista". Acordos militares tiveram que ser assinados como pré-condição para acordos comerciais. Mas, à medida que a globalização se desenvolveu, um problema estrutural bloqueou sua afirmação. Esse problema era a própria globalização, que promovia processos de produção desarticulados em todo o planeta; o enfraquecimento da produção no Ocidente, onde os custos da mão de obra haviam aumentado como resultado de uma onda de greves na década de 1970. Os locais de produção desagregados (com fábricas espalhadas pelos Estados) e as rigorosas leis de propriedade intelectual permitiram que as empresas transnacionais tivessem muito mais poder nesta cadeia de valor global do que as organizações de trabalhadores e os Estados-nação. O poder diplomático e militar do sistema de aliança imperialista foi utilizado contra as políticas de nacionalização e de bens intelectuais. Mecanismos subcontratados de disciplina trabalhista permitiram ao bloco imperialista manter suas próprias reputações morais, apesar das brutais condições de trabalho que estruturam as relações sociais no sistema fabril em todo o mundo.

Práticas ambientalmente deletérias e desumanas de extração estão escondidas nas florestas e desertos, onde os protestos serão enfrentados pelos imperialistas e seus subcontratados em nome da Guerra ao Terror, ou da Guerra às Drogas, ou de algum tipo de guerra que permita que a extração ocorra sem ameaça. Tanto os parceiros subsidiários do bloco imperialista quanto os Estados emergentes dependem da exportação de matérias-primas para suas agendas de crescimento, permitindo que o bloco imperialista lave as mãos da dureza que ocorre no escuro – fora de seu controle direto. Centenas de bilhões de dólares são perdidos pelos países da África, Ásia e América Latina pela pilhagem de recursos preciosos, comprados a baixo custo, pelos recursos esgotados, pelos ganhos das empresas de mineração monopolistas "precificados incorretamente" e desviadas dos países ricos em recursos, mas sem poder. Ainda não há uma descrição adequada do roubo anual total dessa riqueza.

Políticas comerciais vigorosas na última rodada do Acordo Geral de Comércio e Tarifas (GATT), que resultou na Organização Mundial do Comércio (1994), e políticas de ajuste estrutural do FMI forçaram os países do Terceiro Mundo a se inserirem na cadeia de valor global – às vezes para aumentar suas próprias eficiências – e reduzir quaisquer políticas de bem-estar para as vastas massas; raramente essas políticas e essas pressões compartilham os benefícios dos avanços do capitalismo para a classe trabalhadora global e para os camponeses. Em vez disso, uma série de "distúrbios contra o FMI" ocorreu nesse período, como o levante de 1989 na Venezuela, e uma série de "golpes do FMI", sendo central o assassinato de Thomas Sankara e a derrubada de seu governo, em 1987, em Burkina Faso.

O principal desenvolvimento nos últimos 50 anos foi a construção do mundo global do comércio, finanças e desenvolvimento por meio de instituições dominadas pelos EUA. Foram os bancos privados estadunidenses – cheios de petrodólares – que suplantaram os bancos centrais (excetuando o Federal Reserve dos Estados Unidos) no centro do sistema financeiro e comercial mundial; esses bancos e o *Federal Reserve*[4] subjugaram os sistemas financeiros e as taxas de câmbio da maioria dos países do mundo aos dos Estados Unidos; foram estes que, como resultado, produziram as regras para a supervisão internacional do sistema bancário e comercial, e que determinaram toda a estrutura regulatória para a globalização. O dólar dos EUA se tornou a moeda central desse sistema; as agências de classificação dos EUA e o FMI, dominado pelos EUA, tornaram-se a medida da força das economias e das

---

4   Equivalente ao Banco Central. (N. T.)

empresas; um serviço de rede de comunicação europeu (Swift) dominava o movimento de dinheiro de um país para outro. Se algum país desagradasse o governo dos EUA, e se um regime de sanções fosse implementado, essa arquitetura institucional poderia estrangular qualquer governo, eliminando suas linhas de crédito, impossibilitando a venda de seus bens e a liquidação de pagamentos. Nenhum sistema fora do controle do governo dos EUA foi autorizado a continuar.

Sob pena de extinção, os países do mundo tiveram que aderir à ordem estadunidense. Quando a Troika – a União Europeia, o Banco Central Europeu e o FMI – pressionou a Grécia, seu ministro das Relações Exteriores, Yanis Varoufakis, disse com grande inteligência que "os golpes no período atual não são necessariamente de tanques; eles geralmente vêm de bancos".[5]

Primeiro entre iguais

A força militar maciça dos EUA – geometricamente maior do que qualquer outra força militar – abrange o planeta e ameaça países que, segundo afirmam, são Estados vilões e ameaças ao poder preponderante dos EUA. Durante a primeira Guerra do Golfo, de 1990-1991, o presidente dos EUA, George W. Bush, disse que a "síndrome do Vietnã" havia sido sufocada. Os EUA agora sentiam novamente confiança para atuar como uma grande potência no cenário mundial – sem medo de exercer toda a sua força. As guerras por procuração dos velhos tempos poderiam ser deixadas de lado. Os EUA agora poderiam agir com domínio do espectro total contra seus adversários. Os pedidos de "outro século americano" ressoaram após a guerra dos EUA no Iraque em 2003. Havia um medo de que o imbróglio no Iraque aumentasse as dúvidas sobre o poder estadunidense. Isso tinha que ser esmagado. Era importante reavivar a autoimagem dos Estados

---

5   Em português perde-se a rima entre os termos *banks* (bancos) e *tanks* (tanques). (N. T.)

Unidos como *primus inter pares* – o primeiro entre iguais, o "poder indispensável", como disse a ex-secretária de Estado dos EUA, Madeleine Albright.

O fim da Guerra Fria sinalizou o fim da principal ameaça à aliança – a União Soviética e seus satélites. Desde então, os Estados Unidos e seus confederados fizeram questão de reprimir qualquer desafio ao sistema. A pressão aumentou sobre a China e a Rússia através da expansão da Otan na Europa Oriental e com o aumento de forças dos EUA na região do Círculo do Pacífico. A emergência da América do Sul teve que ser contida, seja através dos golpes obsoletos (como em Honduras, em 2009) ou através de golpes ultramodernos baseados em *lawfare* (como no Brasil). Qualquer tentativa de construir uma base de poder regional alternativa – como através do processo bolivariano na América Latina ou através da Iniciativa do Cinturão e Rota da China – deve ser destruída. A tentativa da Rússia de manter seus únicos dois portos de água quente – em Sebastopol (na Crimeia) e em Latakia (na Síria) – levou suas intervenções militares para a Ucrânia em 2014 e para a Síria em 2015; são manobras defensivas que buscam proteger a projeção de poder russa, em vez de movimentos agressivos para expandir a influência russa. Nem as intervenções russas, nem a Iniciativa do Cinturão e Rota chinesa, nem a aliança sino-russa são sinais de enfraquecimento do poder estadunidense. Ainda não está disponível um novo sistema para combater o estrangulamento dos EUA na base econômica e política do mundo.

Uma infraestrutura inteira de segurança global e poder militar teve que ser reforçada e ampliada. Os EUA já tinham bases em quase todos os países; agora elas foram expandidas com o uso de "bases de lírios" ou locais de segurança cooperativa onde as forças estadunidenses podem pousar, reabastecer e relaxar. A embaixadora dos EUA na Otan, Victoria Nuland, descreveu esses locais de segurança cooperativa como "bases discretas", administradas por "não combatentes estadunidenses aposentados" que terceirizavam ou subcontratavam o trabalho de manutenção da base. A maioria das Forças Armadas em todo o mundo seria forçada a treinar com as Forças Armadas dos EUA em exercícios conjuntos que ligavam os comandos militares desses Estados menores à estrutura de comando dos EUA. O termo aqui é "interoperabilidade", com os militares necessários para operar de maneira coordenada com as Forças Armadas dos EUA; a Doutrina para Operações Conjuntas (1993) dos Chefes de Estado-Maior Conjunto dos EUA observa que "o país que fornece a preponderância de forças e de recursos normalmente fornece o comandante da força de coalizão". Não há palpites sobre quem fornece a "preponderância" de pessoal e equipamento militar e, portanto, quem lidera. Para serem interoperáveis, os militares de todo o mundo seriam incentivados a comprar *hardware* e *software* militar dos EUA; não é de admirar que as empresas de armas dos EUA tenham visto suas vendas no exterior aumentarem quando esses pactos entre militares foram assinados. Essa estrutura de interoperabilidade permitiu que os EUA criassem novas alianças regionais – como a Estratégia Índico-Pacífico – para atrair os países através de acordos militares, bem como acordos comerciais e de ajuda para projetar o poder dos EUA. Finalmente, os enormes avanços da tecnologia militar, incluindo o uso de *drones*, proporcionaram aos EUA uma presença global total. Por meio de um programa chamado Pronto Ataque Global (PGS),[6] os militares dos EUA esperam poder atingir em uma hora qualquer parte do mundo com uma arma convencional guiada com precisão.

Apenas um membro do conselho de segurança permanente – os Estados Unidos

Quando era presidente da Assembleia Geral da ONU, Miguel d'Escoto Brockmann, da Nicarágua, costumava falar sobre "colonialismo redecorado". Os países ocidentais, notadamente os

---

[6] *Prompt global strike*, em inglês. (N. T.)

Estados Unidos, perderam sua legitimidade com a guerra ilegal contra o Iraque de 2003 e com a crise financeira de 2007. Foi para "redecorar" o colonialismo que eles pressionaram por uma nova doutrina – Responsabilidade de Proteger (R2P) – como uma maneira de continuar a justificar o maciço aparato militar ocidental que circundava o mundo e justificar as intervenções militares ocidentais, da Ásia Ocidental à América Central. Foi esse colonialismo "redecorado" que permitiu que as potências ocidentais recuperassem a ordem internacional "liberal" e seus instrumentos econômicos. É esse colonialismo "redecorado" que sagazmente foi capaz de se reinserir como bloco humanitário nos assuntos internacionais. Afirmou-se um romance da burguesia imperialista – o presidente dos EUA, Barack Obama, desempenha um papel fundamental aqui como o rosto "legal" da brutal máquina de guerra. O fanatismo de Trump não sugere o fim do projeto imperialista, mas sim – para os liberais no Ocidente – um retorno à sofisticação de Obama. É o sufocamento ideológico que permite que as pessoas acreditem que o bloco liderado pelos EUA age com grandes intenções quando bombardeia lugares como Iraque e Líbia e quando sufoca países como Irã e Venezuela; mais ainda, é essa miopia que permite a visão de que o bloco liderado pelos EUA procura proteger civis e oferecer ajuda ao desenvolvimento para a vida com o peso da miséria da fome no mundo.

Em 2011, os Estados Unidos e a França levaram o mundo a um frenesi sobre Muammar Kadafi e a possibilidade de genocídio na Líbia. Não havia evidência de tal perigo; as agências de notícias sauditas se tornaram a fonte da imprensa ocidental. Foi esse frenesi que permitiu aos Estados Unidos e à França obter uma resolução da ONU para atacar a Líbia, o que fizeram imediatamente. Parte da resolução exigia um estudo pós-conflito da guerra. Depois que a poeira foi limpa em 2012 – embora a guerra na Líbia ainda continue por outros meios –, a ONU criou uma Comissão de Inquérito para estudar as ações da Otan no bombardeio da Líbia. Essa foi uma ação bastante direta, sem segundas intenções por trás da investigação. A Comissão foi incumbida de examinar as ações de todas as partes no conflito que levaram à dizimação do país. A Otan se recusou a cooperar com o inquérito. O consultor jurídico da Otan, Peter Olson, escreveu à ONU que esses "incidentes da Otan" não são crimes de qualquer tipo. "Solicitamos, portanto", observou ele em sua carta, "que, caso a comissão decida incluir uma discussão sobre as ações da Otan na Líbia, seu relatório afirme claramente que a Otan não atacou deliberadamente civis e não cometeu crimes de guerra na Líbia". Em outras palavras, que a Otan receba um passe livre para sua forma de guerra. Não houve indignação liberal com a recusa da Otan em cooperar, nem uivos dos defensores humanitários do *establishment*. Eles simplesmente assumem que o bloco imperialista é inocente de qualquer motivo malévolo e que não podem ser vistos como tendo deliberadamente atingido civis ou destruído uma nação. Mesmo uma investigação sobre essas ações não era tolerável. Essa é a extensão da redecoração do colonialismo.

John Bolton, que se tornaria conselheiro de segurança nacional de Trump, disse em 2000: "Se eu o estivesse refazendo, o Conselho de Segurança teria hoje um membro permanente, porque esse é o reflexo real da distribuição de poder no mundo". Quem seria esse membro? "Os Estados Unidos", respondeu Bolton. Ele estava certo. Não há outra maneira, por exemplo, de explicar o comportamento do Estado israelense contra o povo palestino do que reconhecer a maneira como os Estados Unidos mobilizam todo o seu poder através das Nações Unidas em nome dos israelenses.

República de ONGs

Existem mais ONGs *per capita* no Haiti do que em qualquer outro lugar do mundo. Mas há muitas ONGs em outros lugares também. As demandas do FMI para cortar os orçamentos governamentais por meio dos programas de ajuste estrutural ajudaram a encolher o Estado. No lugar do Estado enfraquecido vieram inúmeras ONGs, muitas delas prestando serviços que antes eram constitucionalmente ordenados para serem prestados por um Estado democrático; ou, pelo menos, essa era a esperança. Com o Estado enfraquecido, e com ONGs em todos os lugares, o governo teve menos apoio do público do que antes. Outras fontes de poder começaram a se exercer. Essas fontes de poder não tinham responsabilidade formal por nenhum processo democrático; eles geralmente prestam contas apenas a seus financiadores que – em casos importantes – são os governos dos Estados Unidos e dos Estados europeus. A agenda para países como o Haiti não é definida pelo governo haitiano, cuja tarefa que lhe resta é manter a segurança no país, mas pelas instituições internacionais como o FMI e governos como o dos Estados Unidos e da França, bem como pelas Nações Unidas. Eles estabelecem os termos para o povo haitiano; eles são, em outras palavras, os senhores imperiais do Haiti.

O Haiti nunca teve uma chance. Foi tratado como uma ameaça permanente desde a revolução em 1804. A democracia nunca seria permitida. O governo francês levou US$ 22 bilhões do Haiti por sua revolução. Uma ditadura da família Duvalier, apoiada pelo governo dos EUA, por 30 anos, a partir de 1950, sugou o país. A formação paramilitar de Duvalier – os *Tonton Macoutes*, treinados pela missão militar dos EUA – matou mais de 50 mil pessoas neste período, aprofundando ideologias anticomunistas e antipopulares na sociedade por medo e mentiras. A agitação em massa derrubou o regime de Duvalier em 1986. O novo país entrou em sua fase democrática com uma visita ao FMI, que – juntamente com o Departamento de Estado dos EUA – "recomendou" uma política obrigatória de liberalização comercial. Não havia perdão para as "dívidas odiosas" – dívidas contraídas por uma ditadura sem participação do povo. Um movimento conhecido como inundação (*lavalas*), liderado pelo ex-padre Jean-Bertrand Aristide, havia derrubado os Duvaliers. Em sua primeira eleição, o dinheiro externo financiou o candidato de direita, Marc Bazin, que havia servido no gabinete de Duvalier e no Banco Mundial.

No entanto, Bazin foi derrotado por Aristide. Antes de Aristide ser empossado, houve um golpe de Estado liderado por um capanga de Duvalier, que depois foi afastado por outra mobilização maciça do povo. Oito meses após assumir a presidência, Aristide foi destituído por Raoul Cèdras, cuja organização de gângsteres financiada pela CIA, FRAPH, atacou os apoiadores de Aristide; Cèdras foi financiado pelo Instituto Internacional Republicano, com sede em Washington. A violência que veio do governo de Cèdras foi pior que a de Duvalier; essa violência destruiu a sociedade radical embrionária criada pelos *lavalas*.

No entanto, a pressão vinda de baixo trouxe Aristide de volta em 1994, que assinou à força o Acordo da Ilha do Governador, que permitia que instituições internacionais administrassem o Haiti e permitia às ONGs controlar totalmente um país cujas instituições democráticas haviam sido sistematicamente prejudicadas. Quando ele voltou ao poder, em 1994, estava sob as condições mais obscuras, definidas pela Casa Branca de Clinton e por Wall Street. Eles queriam que o Haiti se tornasse uma *maquiladora*, não um país – uma unidade de fabricação isenta de impostos para o benefício de corporações multinacionais. Como o Haiti enfrentou um *deficit* na balança de pagamentos em 1998, foi para o FMI, que exigia políticas de austeridade. Aristide não foi capaz de atender às suas demandas, o que levou o FMI a congelar fundos para o governo. Esse congelamento não se aplicava às ONGs, então o dinheiro as inundava. A Agência dos EUA para o Desenvolvimento Internacional (Usaid), criada em 1961, é financiada pelo governo dos EUA e, por sua vez, financia ONGs. Grupos financiados por ela viram seus orçamentos aumentarem depois de 1998 (em 1995, o Congresso dos EUA obrigou a Usaid a interromper o financiamento ao governo do Haiti e a financiar apenas ONGs). Em 1995, o vice-secretário de Estado de Clinton, Strobe Talbott, disse ao Senado dos EUA que, "mesmo após nossa saída, em fevereiro de 1996", referindo-se a uma retirada militar planejada dos EUA, "permaneceremos no comando por meio da Usaid e do setor privado". A agência financiou milhares de ONGs, que promoveram sua agenda no país. Trabalhou para remodelar o setor agrícola do Haiti para a agricultura orientada para a exportação, trabalhou para conter as leis de salário mínimo (como a proposta de Aristide, de 1991, de aumentar o salário mínimo de US$ 0,33 por hora para US$ 0,50 por hora) e trabalhou para trazer ajuda alimentar que despejou arroz "grátis" cultivado por agricultores dos EUA (e comprado por fundos dos EUA) e destruiu a produção haitiana de arroz; promoveu a educação privada e minou as escolas públicas e os programas de alfabetização de adultos; tarifas de importação alinhadas pela Usaid sobre alimentos, para que as empresas de frango dos EUA pudessem despejar partes indesejadas do frango no Haiti, destruindo assim o setor avícola do Haiti.

Em 2009, sob imensa pressão popular, o governo haitiano aprovou uma lei que elevava o salário mínimo de US$ 0,24 por hora para US$ 0,61 por hora. O novo salário pagaria a um trabalhador haitiano US$ 5 por dia, menos do que os US$ 12 estimados para uma família de quatro no Haiti. As empresas têxteis dos EUA que operam no Haiti reclamaram com a embaixada estadunidense no país, que foi em seguida fazer *lobby* junto ao governo para retirar o aumento com sucesso. David Lindwall, vice-chefe de missão da Embaixada dos EUA, disse que o novo salário mínimo "não levou em conta a realidade econômica". O governo haitiano – graças à embaixada estadunidense – aumentou o salário mínimo em apenas US$ 0,07, garantindo a empresas como Fruit of the Loom, Hanes e Lévi Strauss seus enormes lucros.

Aristide foi derrubado por um golpe em 1991. Ele voltou ao poder em 1994, embora esse fosse um retorno vazio – o Acordo significava que ele observava as ONGs esvaziarem as possibilidades democráticas de seu país. No entanto, Aristide venceu a reeleição em 2000. Ele voltou ao poder com brio, pedindo aos franceses que pagassem ao Haiti US$ 21 bilhões em restituição pelos pagamentos feitos por sua independência contra a escravidão. Ficou muito claro que os grupos de extrema direita que iniciaram o assassinato de apoiadores de Fanmi Lavalas tinham apoio externo, e ainda mais claro que esse era um meio de minar totalmente Aristide; ele foi derrubado em um segundo golpe em 2004, quando foi – por suas próprias palavras – sequestrado. Não foi apenas Aristide que foi sequestrado, mas também o Estado haitiano, que não é mais encontrado. Passou a ser uma república de ONGs, assim como muitos outros Estados cujas instituições democráticas foram derrubadas por golpes de ONGs. Eles representam um terceiro tipo de golpe – depois dos golpes de tanques e golpes de bancos, há agora os golpes de ONGs.

Pressão máxima

Entre 2001 e 2003, os EUA travaram duas guerras contra adversários do Irã – o Taliban, do Afeganistão, e Saddam Hussein, do Iraque. A derrota deles permitiu ao Irã espalhar suas asas pela região. Reconhecendo o erro estratégico dessas guerras, os EUA procederam bruscamente para devolver o Irã às suas fronteiras. Eles tentaram enfraquecer o vínculo entre o Irã e a Síria por meio da Lei de Responsabilidade da Síria, de 2005 (e a guerra na Síria, a partir de 2011), e tentaram destruir a força política libanesa Hezbollah por meio do ataque israelense ao Líbano, em 2006. Não funcionou. Em 2006, os EUA fabricaram uma crise sobre o programa de energia nuclear do Irã; projetaram sanções contra sua economia por parte da ONU, da União Europeia e dos EUA. Isso também não funcionou e, em 2015, os EUA concordaram com um acordo nuclear, que Trump rejeitou em 2018. As sanções unilaterais dos EUA entraram em vigor e a economia do Irã se contraiu rapidamente. Trump nomeou sua política de "Pressão Máxima".

Em outubro de 2019, a Human Rights Watch divulgou um breve relatório com um título incisivo – "Maximum Pressure": US economic sanctions harm Iranians' right to health" [Pressão máxima: sanções econômicas dos EUA prejudicam o direito à saúde dos iranianos]. Em novembro de 2018, os EUA renovaram suas sanções unilaterais contra o Irã e incluíram "sanções secundárias" a entidades não estadunidenses. Essas sanções secundárias sufocaram a capacidade do Irã de adquirir comercialmente muitos produtos, incluindo suprimentos médicos cruciais. "As consequências das sanções redobradas dos EUA", escreveu a Human Rights Watch, "representam uma séria ameaça ao direito dos iranianos à saúde e ao acesso a medicamentos essenciais – e quase certamente contribuíram para a escassez documentada – variando da falta de medicamentos críticos para pacientes com epilepsia até medicamentos limitados para quimioterapia para iranianos com câncer". A Human Rights Watch não foi a primeira a documentar essa situação séria. As sanções unilaterais dos EUA no período Obama já haviam prejudicado gravemente a saúde dos iranianos. Em 2013, Siamak Namazi escreveu um relatório para o Wilson Center, no qual observou que "as sanções estão realmente causando interrupções no fornecimento de medicamentos e equipamentos médicos no Irã. A aquisição dos medicamentos mais avançados para salvar vidas e de suas matérias-primas químicas nos Estados Unidos e na Europa tem sido particularmente desafiadora".

Ao longo dos últimos anos, a revista médica *The Lancet* realizou uma série de estudos importantes sobre a deterioração das condições de saúde no Irã como resultado das sanções unilaterais dos EUA. Em agosto de 2019, cinco médicos com sede nos Estados Unidos e no Irã escreveram um poderoso editorial no *The Lancet*, que apontou que o sistema de cobertura universal de saúde do Irã foi profundamente prejudicado pelas sanções, e que o Irã corre "um alto risco de avançar em direção a uma situação grave de prestação de serviços de saúde com um impacto potencialmente substantivo na mortalidade e na morbidade". Seyed Alireza Marandi, presidente da Academia de Ciências Médicas do Irã, escreveu uma das muitas cartas ao Secretário Geral da ONU. Ele ressaltou que aos pacientes que necessitam de transplantes de órgãos e que têm câncer lhes estão sendo "negados deliberadamente remédios e equipamentos médicos". Não houve resposta pública a essas cartas. Idriss Jazairy, o Relator Especial da ONU sobre o Impacto Negativo das Medidas Coercitivas Unilaterais, concluiu com uma análise do regime de sanções:

> O sistema atual cria dúvidas e ambiguidades que tornam praticamente impossível ao Irã importar esses bens humanitários urgentemente necessários. Essa ambiguidade causa um 'efeito assustador' que provavelmente levará a mortes silenciosas em hospitais à medida que os medicamentos acabarem, enquanto a mídia internacional falha em perceber.

O governo dos Estados Unidos usou todos os mecanismos possíveis para sufocar o Irã. Ele usou sua classificação para Terroristas Globais Especialmente Designados (SDGT), sua lista de Nacionais e Pessoas Bloqueadas Especialmente Designadas (SDN) e sua Rede de Repressão a Crimes Financeiros (FinCEN) para estreitar seu controle sobre a economia iraniana. A Human Rights Watch reiterou o que as agências humanitárias têm dito ao longo do ano passado, ou seja, que os bancos se recusam a permitir que seus serviços sejam usados para transferir dinheiro, mesmo por razões humanitárias. Em agosto de 2019, Jan Egeland, chefe do Conselho Norueguês para os Refugiados, que trabalha com refugiados afegãos no Irã, disse: "Agora, durante um ano inteiro, tentamos encontrar bancos capazes e dispostos a transferir dinheiro de doadores". Egeland não é ingênuo. Ele foi o subsecretário-geral da ONU para assuntos humanitários e socorro emergencial de 2003 a 2006. O aperto dos bancos permitiu que o governo dos EUA causasse estragos na capacidade do Irã de importar alimentos e medicamentos, afetando os direitos humanos dos iranianos. Há ampla evidência de que o governo dos EUA não está apenas com a intenção de ferir o governo, mas de fato tem uma estratégia para atacar o povo iraniano.

O relatório da Human Rights Watch é chamado Pressão Máxima por um motivo. Esta é a frase associada à política de Trump em relação ao Irã, que levou à retirada dos EUA do acordo nuclear do Irã (JCPOA) e ao restabelecimento de duras sanções.

Quando os EUA impuseram essas sanções ao Irã, em novembro de 2018, o secretário do Tesouro dos EUA, Steven Mnuchin, disse: "A pressão máxima exercida pelos Estados Unidos só aumentará daqui para frente". Isso é, como observa a Human Rights Watch, "uma fórmula de punição coletiva".

A assistência universal à saúde tem sido a orientação política básica do governo iraniano. O programa ganhou destaque em 1985, com o estabelecimento da Rede Nacional de Saúde e, nas próximas décadas – dificultado pela falta de recursos – com os programas de médicos de família rurais e urbanos. Por todos os indícios, o sistema de saúde no Irã foi fortemente afetado pelas sanções – principalmente porque isso tornou impossível a importação de materiais importantes (como curativos para epidermólise bolhosa e medicamentos para reduzir inflamações, como a necrose tumoral que aflige aqueles que foram atingidos por armas químicas usadas pelo Iraque contra o Irã – e fornecidas pela Europa Ocidental e pelos Estados Unidos). O Irã desenvolveu, no século passado, uma indústria farmacêutica nativa de alta qualidade – agora enraizada na Sociedade de Investimento em Seguridade Social do setor público. Até os últimos anos, o Irã conseguia produzir uma ampla gama de medicamentos, mas mesmo aqui houve desgaste, pois várias dessas linhas de produção dependem da importação de componentes-chave dos medicamentos.

As Nações Unidas disseram repetidamente que as sanções não são uma política humana e não devem mais ser permitidas a fazer parte do arsenal das nações poderosas. Exceções a medicamentos e alimentos são rotineiramente discutidas. Os Estados Unidos afirmam que não usam sanções para ferir pessoas, razão pela qual costumam oferecer exceções. Em agosto de 2019, o governo dos EUA divulgou uma orientação que supostamente suavizou sua política em relação à Venezuela. Disse que "o apoio humanitário pode fluir" para a Venezuela. Mesmo sendo apenas retórico, esse amolecimento não ocorreu no Irã. Os EUA não emitiram nenhuma orientação para sua política sobre o Irã. Em vez disso, reforçou essas perigosas sanções como parte de sua guerra híbrida contra o Irã.

Em 1980, os iranianos criaram a Força Quds – Quds sendo o nome árabe de Jerusalém. O objetivo desta Força era desenvolver vínculos regionais para um Irã sitiado. Nos seus primeiros anos, a Força Quds participou de operações contra os interesses ocidentais e contra a esquerda regional (incluindo ataques ao governo comunista afegão de Mohammad Najibullah). Mas na década passada, sob a liderança do major-general Qassem Soleimani e de outros veteranos da guerra Iraque-Irã, a Força Quds desenvolveu uma agenda mais precisa.

A liderança do Irã sabia que não poderia suportar um ataque total dos Estados Unidos e de seus aliados; a enxurrada de mísseis e bombas de cruzeiro dos EUA representa uma ameaça existencial ao Irã. Esse tipo de guerra deve ser evitado. Ao contrário da Coreia do Norte, o Irã não tem escudo nuclear nem potencial ou desejo de construí-lo; no entanto, os exemplos do Iraque e da Líbia, que abandonaram seus escudos de armas de destruição em massa, mostram o que pode ser feito para países que não têm poder de dissuasão nuclear. Nem o Iraque nem a Líbia ameaçaram o Ocidente, e ambos foram destruídos. Foi a Força Quds que desenvolveu um impedimento parcial contra um ataque ocidental ao Irã. A Força Quds de Soleimani foi do Líbano ao Afeganistão para estabelecer relações com grupos pró-iranianos e incentivá-los e apoiá-los na criação de grupos de milícias. A guerra na Síria foi um campo de testes para esses grupos. Esses grupos estão preparados para atacar alvos dos EUA se o Irã for atacado de alguma forma. Depois que os Estados Unidos assassinaram Soleimani, no início de 2020, os iranianos disseram que se eles fossem atacados mais adiante, destruiriam Dubai (Emirados Árabes Unidos) e Haifa (Israel). Mísseis iranianos de curto alcance podem atingir Dubai; mas é o Hezbollah que atacará Haifa. Isso significa que os Estados Unidos e seus aliados enfrentarão uma *guerra de guerrilha regional* em larga escala se houver algum bombardeio contra o Irã. Essas milícias são uma linha de impedimento para o Irã. Isso não é agressivo; essa é apenas uma postura defensiva contra a ira do imperialismo.

A política do Irã é definida pela imensa pressão exercida sobre o país pelos Estados Unidos e seus aliados regionais (Israel e Arábia Saudita). A amplitude da Revolução Iraniana em 1979 continha uma esquerda iraniana, que agora não existe mais. No Iraque, os comunistas ressurgiram hesitantemente e participam das revoltas desde 2011 contra um governo cujas políticas são totalmente ditadas por uma agenda do FMI. "Queremos uma pátria", gritam os iraquianos em seus recentes protestos. As pessoas, do Líbano ao Afeganistão, fazem o mesmo. Durante a Revolução Iraniana, um grupo de esquerda escreveu nas paredes do Ministério da Justiça: no amanhecer da liberdade, o lugar da liberdade está vazio (*dar tulu-e azadi, ja-ye azadi khali*). A revolta aconteceu, mas a promessa de uma revolução completa foi suspensa.

Acelerar o caos

Em 2017, quando a onda de direita varreu o hemisfério americano, representantes de doze países se reuniram em Lima (Peru) para formar um bloco. O objetivo deste grupo de Lima era derrubar o governo de Nicolás Maduro na Venezuela. Liderado pelo Canadá, que abriga a maioria das grandes empresas de mineração do mundo, muitas das quais têm interesse em rasgar o solo das Américas e extrair sua riqueza para obter lucro. Os Estados Unidos tentaram acabar com a Revolução Bolivariana desde o seu início, em 1999. Um Golpe de Estado fracassou em 2002, mas isso não impediu os Estados Unidos. No entanto, o caos devido às guerras dos EUA no Afeganistão e no Iraque desviou a atenção para outros lugares, e a "maré rosa" dos governos de esquerda no Caribe e na América Latina impediu o ataque em larga escala à Venezuela.

Em 2017, quase 20 anos após a Revolução Bolivariana, a Venezuela parecia um alvo ainda mais fácil. Os preços mais baixos das *commodities* haviam produzido problemas econômicos para o país, e uma série de governos de direita estava presente em toda a região. O golpe em Honduras em 2009 iniciou um processo que levou governos de direita ao poder na maioria dos países que chegaram a Lima, incluindo Argentina, Brasil e México – os maiores e mais importantes países desse grupo. O isolamento diplomático veio primeiro, seguido rapidamente pelo isolamento econômico – protagonizado por sanções econômicas americanas muito severas. A Venezuela, que já lutava com os baixos preços das *commodities*, viu sua economia entrar em colapso.

O objetivo do grupo de Lima e da intervenção dos EUA era criar um desastre social na Venezuela. As autoridades estadunidenses falaram abertamente sobre o uso de toda a gama de técnicas de guerra híbrida para criar o caos naquele país. Em 2018, o ex--embaixador dos EUA na Venezuela, William Brownfield, disse que os Estados Unidos, organizações multilaterais e o Grupo Lima tiveram que "acelerar o colapso" da Venezuela. "Devemos fazê--lo", disse ele, "entendendo que isso terá um impacto em milhões e milhões de pessoas que já estão tendo grande dificuldade em encontrar o suficiente para comer". Com base nesse julgamento cruel, os vários governos de direita da região endureceram seu bloqueio à Venezuela. Estava claro para o governo dos EUA que, se pudessem derrubar a Revolução Bolivariana na Venezuela, enfraqueceriam Cuba e forçariam o colapso da Revolução Cubana.

Em janeiro de 2019, o governo dos EUA tentou um golpe aberto contra o governo de Maduro. Eles estabeleceram um governo simulado liderado por Juan Guaidó, um parlamentar menor, e usaram todos os meios – incluindo sabotagem – para enfraquecer o governo, criar desordem social, fraturar a base de apoio bolivariana e corroer a autoridade do governo. Essa guerra híbrida foi forte, com a Venezuela descobrindo que suas reservas de ouro no Reino Unido haviam sido roubadas, que sua capacidade de usar os canais financeiros internacionais estava bloqueada e que seus mecanismos para vender o petróleo foram fechados. Um embargo quase total do país e seus 32 milhões de pessoas foi instaurado.

Um relatório do Centro de Pesquisa Econômica e Política descobriu que, durante o ano civil de agosto de 2017, as sanções de Trump mataram pelo menos 40 mil pessoas e reduziram a disponibilidade de alimentos e medicamentos. Como essas sanções permanecem em vigor, elas impedem que 80 mil pessoas com HIV usem antirretrovirais, impedem outras 16 mil de fazer diálise regularmente, impedem ainda outras 16 mil com câncer de receber tratamento e impedem que 4 milhões de pessoas com diabetes e hipertensão recebam insulina e medicamento cardiovascular. O impacto social dessas sanções foi catastrófico.

E, no entanto, o governo não caiu. De fato, as manifestações de pessoas nas ruas das principais cidades sugeriam que o apoio popular da classe trabalhadora, camponeses e pobres urbanos parecia estar com o governo. A frustração levou os EUA e seu aliado – Guaidó – a tentarem um golpe militar em abril de 2019. Isso falhou. Maduro permaneceu no poder. A economia da Venezuela permanece frágil e sua vida social foi profundamente impactada pelas sanções; no entanto, os compromissos políticos de grande parte da população de permanecer com o governo são claros.

A guerra híbrida contra a Venezuela não teve sucesso; a determinação da Revolução Bolivariana em permanecer firme serviu de inspiração para o continente. É importante reconhecer que, do México ao Chile, houve um entendimento claro de que a guerra híbrida dos EUA na Venezuela não era pelos "direitos humanos" ou "democracia", mas sim para expandir os interesses imperiais dos EUA. A derrota dos EUA na Venezuela forneceu a confiança em toda a região para aprofundar a luta não apenas contra os tentáculos dos Estados Unidos e do FMI, mas também contra as oligarquias locais.

Sanções são um crime

A doença do novo coronavírus (Covid-19) se move rapidamente, percorrendo continentes, pulando oceanos, aterrorizando pessoas em todos os países. O número de infectados aumenta, assim como o número de pessoas que morreram. As mãos estão sendo lavadas, os testes estão sendo feitos e "distanciamento social" se tornou uma nova expressão. Não está claro o quão devastadora será essa pandemia. Em meio a uma pandemia, seria de se esperar que todos os países colaborassem de todas as maneiras para mitigar a propagação do vírus e seu impacto na sociedade humana. Seria de se esperar que uma crise humanitária dessa magnitude proporcionasse a oportunidade de suspender ou acabar com todas as sanções econômicas e bloqueios políticos desumanos contra certos países. O ponto principal aqui é o seguinte: não era a hora do bloco imperialista, liderado pelos Estados Unidos da América, ter encerrado as sanções contra Cuba, Irã, Venezuela e uma série de outros países?

O ministro das Relações Exteriores da Venezuela, Jorge Arreaza, disse recentemente a mim e a Paola Estrada que as "medidas coercitivas ilegais e unilaterais que os Estados Unidos impuseram à Venezuela são uma forma de punição coletiva". O uso da frase "punição coletiva" é significativo; de acordo com as Convenções de Genebra de 1949, qualquer política que cause danos a toda uma população é um crime de guerra. A política dos EUA, nos disse Arreaza, "resultou em dificuldades para a aquisição de medicamentos no tempo devido". No papel, as sanções unilaterais dos EUA dizem que os suprimentos médicos estão isentos. Mas isso é uma ilusão. Nem a Venezuela, nem o Irã, podem comprar facilmente suprimentos médicos, nem transportá-los facilmente para seus países, nem usá-los em seus grandes sistemas públicos de saúde. O embargo contra esses países – em tempos de Covid-19 – não é apenas um crime de guerra pelos padrões das Convenções de Genebra (1949), mas é um crime contra a humanidade, conforme definido pela Comissão de Direito Internacional das Nações Unidas (1947).

Em 2017, o presidente dos EUA, Donald Trump, promulgou restrições rígidas à capacidade da Venezuela de acessar os mercados financeiros; dois anos depois, o governo dos EUA colocou na lista dos proscritos o Banco Central da Venezuela e impôs um embargo geral contra as instituições estatais venezuelanas. Se alguma empresa negociar com o setor público do país, poderá enfrentar sanções secundárias. O Congresso dos EUA aprovou a Lei de Combate aos Adversários da América através de Sanções (Caatsa, na sigla em inglês) em 2017, que reforçou as sanções contra Irã, Rússia e Coreia do Norte. No ano seguinte, Trump impôs uma série de novas sanções contra Teerã que sufocaram a economia do Irã. Mais uma vez, o acesso ao sistema bancário mundial e as ameaças às empresas que negociaram com Irã tornaram quase impossível para o país fazer negócios com o mundo. Em particular, o governo dos EUA deixou claro que qualquer negócio com o setor público do Irã e da Venezuela era proibido. A infraestrutura de saúde que fornece assistência à maior parte da população no Irã e na Venezuela é administrada pelo Estado, o que significa ter de enfrentar dificuldades desproporcionais no acesso a equipamentos e suprimentos, incluindo *kits* de teste e medicamentos.

Arreaza nos disse que seu governo rapidamente voltou a atenção aos perigos da Covid-19, mesmo com uma infraestrutura de saúde afetada pelas sanções. "Estamos quebrando o bloqueio", disse Arreaza, "por meio da Organização Mundial da Saúde, através da qual obtivemos remédios e testes para detectar a doença". A OMS, apesar de sua própria crise de fundos, começou a desempenhar um papel fundamental na Venezuela e no Irã. No entanto, a organização enfrenta seus próprios desafios com as sanções, principalmente quando se trata de transporte. Essas duras sanções forçaram as empresas de transporte a reconsiderar o atendimento ao Irã e à Venezuela. Algumas companhias aéreas pararam de voar para lá; muitas companhias de remessas decidiram não irritar Washington. Quando a OMS tentou obter *kits* de teste da Covid-19 dos Emirados Árabes Unidos para o Irã, enfrentou dificuldades – como afirmou Christoph Hamelmann da OMS – "devido a restrições de voo"; os Emirados Árabes Unidos enviaram o equipamento através de um avião de transporte militar.

Da mesma forma, Arreaza nos disse, a Venezuela "recebeu a solidariedade de governos de países como China e Cuba". Esta é uma questão fundamental. A China, apesar dos desafios da Covid-19, começou a fornecer *kits* de teste e equipamentos médicos ao Irã e à Venezuela; foi a reação vigorosa da China ao vírus que diminuiu agora sua propagação na própria China. No final de fevereiro, uma equipe da Sociedade da Cruz Vermelha da China chegou a Teerã para trocar informações com a Cruz Vermelha iraniana e com funcionários da OMS; a China também doou *kits* e suprimentos para testes. As sanções, disseram-nos as autoridades chinesas, não devem ter importância durante uma crise humanitária como essa; eles não vão respeitá-las. Enquanto isso, os iranianos desenvolveram um aplicativo para ajudar sua população durante o surto de Covid-19; o Google decidiu removê-lo de sua loja de aplicativos, uma consequência das sanções dos EUA.

Yolimar Mejías Escorcha, uma engenheira industrial, nos disse que o regime de sanções impactou bastante a vida cotidiana na Venezuela. Ela diz que o governo "continua fazendo um esforço para garantir que as pessoas que mais precisam dele recebam assistência médica, educação e comida". A oposição tentou dizer que a crise é mais uma consequência da ineficiência do governo do que um resultado do bloqueio imperialista à Venezuela. No início de março, uma nova campanha foi lançada no país, chamada "Sanções são um crime". Yolimar esperava que essa campanha explicasse claramente às pessoas por que há escassez em seu país – as sanções são a principal razão.

Em 2019, um grupo de países se reuniu nas Nações Unidas em Nova York para discutir as sanções unilaterais dos EUA que violam a Carta da ONU. A intenção era trabalhar através do Movimento dos Não Alinhados para criar um grupo formal que responderia a essas sanções. Arreaza nos disse que a Venezuela apoia essa iniciativa, como também a declaração de princípios elaborada pelo Irã contra o unilateralismo e a queixa formal russa sobre a negação de vistos para que suas autoridades pudessem visitar o prédio da

ONU em Nova York. "Esperamos retomar as reuniões este ano, uma vez superadas as dificuldades apresentadas pela Covid-19", afirmou. Eles querem se encontrar novamente, disse Arreaza, para "avançar em ações conjuntas e concretas".

O que nos diz sobre a natureza do poder e da autoridade em nosso mundo o fato dos Estados Unidos continuarem seus embargos contra mais de 50 países – mas principalmente contra Cuba, Irã e Venezuela – quando há uma pandemia global em curso? As pessoas sensíveis devem se ofender com esse comportamento, cujo espírito mesquinho é evidente nas mortes não naturais que provoca. É por isso que o Irã levou o caso das sanções dos EUA ao Tribunal Internacional de Justiça, que determinou – no início de março de 2020 – que os Estados Unidos devem retirar suas duras sanções. O secretário de Estado dos EUA, Mike Pompeo, reagiu de acordo com o figurino: "Estou surpreso que o tribunal não tenha reconhecido sua falta de jurisdição", disse ele. Nenhum organismo internacional ousa dizer aos Estados Unidos o que fazer, mesmo em tempos de pandemia global.

O direito como arma de guerra

O golpe contra o governo da presidenta Dilma Rousseff, do Partido dos Trabalhadores no Brasil, parecia bastante direto. A mídia da oligarquia – liderada pelo Grupo Globo – começou a fazer acusações contra ela, acendendo a oposição para paralisar o governo. Apesar disso, ela ganhou um segundo mandato no final de 2014. Mas a oposição prosseguiu com um caso de corrupção contra ela; não havia provas de nenhum tipo, como demonstrado posteriormente pelo Senado brasileiro. Ela sofreu um *impeachment*. Pensa-se amplamente que ela foi vítima de um golpe parlamentar.

O major-general Charles Dunlap, do Exército dos EUA, usa o termo *lawfare* para descrever o que aconteceu com Dilma Rousseff: o "uso da lei como arma de guerra". A direita assumiu o poder após seu *impeachment*. Mas a direita ainda temia que eles não pudessem vencer uma eleição se Luiz Inácio Lula da Silva, do Partido dos

Trabalhadores, concorresse com qualquer um de seus candidatos. Lula venceu duas eleições consecutivas para governar o Brasil de 2003 a 2010. No final de seu segundo mandato, Lula tinha um índice de aprovação de 86% – o mais alto da história do Brasil. Seus programas de redução da pobreza – particularmente seus esquemas de combate à fome – receberam elogios de governos de todo o mundo. A redistribuição de renda por meio de programas sociais como o Bolsa Família, a expansão do crédito, o aumento do trabalho formal e o aumento do salário mínimo tiraram quase 30 milhões (dos 209 milhões) de brasileiros da pobreza. O Brasil pagou suas dívidas com o FMI e o governo descobriu uma nova e enorme reserva de petróleo na Bacia de Santos, na costa de São Paulo. Esse petróleo pode eventualmente mudar a posição estratégica do Brasil no mundo.

O juiz Sérgio Moro apresentou um caso de corrupção contra Lula em abril de 2015. O Ministério Público de Curitiba – liderado por Deltan Dallagnol – foi responsável por uma investigação sobre alegações de corrupção na Petrobras. Como um lava jato se tornou parte da investigação de lavagem de dinheiro, a força-tarefa ficou conhecida como Lava Jato. A força-tarefa descobriu a atividade de empreiteiras como OAS e Odebrecht, que haviam remodelado um apartamento no litoral e um sítio no interior que supostamente eram propriedade de Lula. Essas empresas, segundo a força-tarefa, obtiveram concessões da Petrobras. Lula, argumentou a força-tarefa, se beneficiou dos empreiteiros, que por sua vez se beneficiaram da generosidade do Estado. Essa foi a alegação. Os promotores não puderam provar que Lula fosse proprietário do apartamento ou do sítio; nem provariam qualquer benefício para os contratados. Lula foi condenado – de forma bizarra – por atos não especificados. Um ex-diretor da OAS, Léo Pinheiro, condenado por lavagem de dinheiro e corrupção em 2014 a cumprir 16 anos, deu declarações contra Lula; por essa evidência, sua sentença foi reduzida. Não havia evidências materiais contra Lula.

A investigação da Lava Jato foi uma grande vantagem para as empresas transnacionais. O assédio à empresa brasileira de construção de aeronaves Embraer pelo departamento de justiça estadunidense obrigou sua venda à Boeing. A Petrobras, uma joia importante em uma estratégia nacional de desenvolvimento, teve que vender 75% de suas reservas de petróleo para a BP, British Shell, Chevron, Cnooc, ExxonMobil, QPI e Statoil. A Amazônia foi aberta para negócios, com seus recursos a serem extraídos e vendidos para o lucro de empresas transnacionais.

Lula não pôde concorrer à presidência. A remoção de Lula de uma eleição presidencial que ele teria vencido com folga é uma instância do *lawfare*, o uso da lei para conduzir um golpe político contra as forças da esquerda.

Em 2017, funcionários do Departamento de Justiça dos EUA visitaram o juiz Sergio Moro enquanto ele julgava Lula. O procurador-geral adjunto, Kenneth Blanco, disse em 2017 que os oficiais de justiça dos EUA tinham "comunicações informais" sobre a remoção de Lula da eleição presidencial brasileira de 2018. Em 6 de março de 2019, o Departamento de Justiça dos EUA disse que transferiria 80% das multas que recebeu da Petrobras para o Ministério Público para a criação de um "fundo de investimento anticorrupção". É justo dizer que este seria um pagamento para a equipe da Lava Jato por seu trabalho na remoção de Lula da corrida presidencial. Em 2014, a presidenta Dilma Rousseff determinou que 100% dos *royalties* do petróleo do pré-sal fosse para os setores de saúde pública e educação; agora eles são essencialmente um suborno para os juristas de direita que impediram a reeleição de Lula. Moro, o mestre da lei, ingressou no ministério do vencedor daquela eleição, Jair Bolsonaro.

A perseguição a Lula é uma história que não é apenas sobre Lula, nem apenas sobre o Brasil. Este é um exemplo de como as oligarquias e o imperialismo tentaram usar a casca da democracia para minar as aspirações democráticas do povo. É a metodologia da democracia sem democracia, uma Vila Potemkin do liberalismo.

Dinamite nas ruas

Foi um golpe. Em 10 de novembro de 2019, o presidente da Bolívia, Evo Morales Ayma, renunciou ao cargo. Ele foi reeleito para a presidência em 23 de outubro; esse seria seu quarto mandato. Em 9 de novembro, rumores na Bolívia sugeriram que a polícia abriria um corredor para que milícias de direita entrassem no palácio presidencial e matassem Morales. A tensão tomou conta do país. Morales compareceu perante a imprensa, convocou novas eleições e disse que o Congresso poderia nomear uma nova comissão eleitoral. Os partidos políticos da oligarquia – liderados pelo desafiante de Morales, Carlos Mesa – rejeitaram a oferta. Mesa, que havia sido presidente antes de Morales, havia pedido "protestos permanentes" depois de perder a eleição. Esses "protestos permanentes" se transformaram em rebelião, com a polícia se juntando às fileiras de uma insurgência dos oligarcas (a polícia ficou frustrada com Morales porque ele tirou suas oportunidades de pequena corrupção). Morales poderia ter permanecido no poder se os militares tivessem permanecido neutros. Mas o general Williams Kaliman, treinado pelas Forças Armadas dos EUA, pediu a Morales que renunciasse. Era mais uma exigência do que um pedido. Morales não teve escolha. Ele teve que renunciar.

Quando Evo Morales chegou ao poder em 2006, foi o primeiro presidente indígena dessa república, formada em 1825. Dois terços da população da Bolívia são de várias comunidades indígenas; eles viveram na pobreza e sofreram humilhação daqueles que afirmam descender dos espanhóis. Morales ganhou com folga em 2005, o que permitiu ao seu Movimento pelo Socialismo (MAS) conduzir uma agenda para a vasta massa do povo, inclusive pressionando pela dignidade das comunidades indígenas. Na constituição recém-escrita (2009), a bandeira das comunidades indígenas – a Wipala – tornou-se equivalente à antiga bandeira da Bolívia. Esse gesto foi fundamental, pois a Wipala foi posta nos uniformes militares e erguida nos prédios do governo. A Bolívia, esse Estado plurinacional, não atacaria mais sua herança indígena.

Morales, como presidente, apresentou não apenas uma agenda indigenista, mas também socialista. Seu Movimento pelo Socialismo foi formado por uma série de movimentos sociais e políticos, que incluíam organizações de indígenas e sindicatos. Seu antecessor – Carlos Mesa – foi duramente atingido por protestos contra a privatização do gás e da água, e contra a destruição da safra de coca na Bolívia. Morales, um líder dos plantadores de coca, estava enraizado nesses movimentos. Nas Nações Unidas, em 2019, Evo Morales disse que a Bolívia – desde 2006 – reduziu sua pobreza de 38,2% para 15,2%, aumentou sua taxa de expectativa de vida em nove anos; o país agora estava 100% alfabetizado, desenvolveu um sistema universal de saúde, garantiu que mais de um milhão de mulheres recebessem posse da terra e tinha um parlamento em que mais de 50% das autoridades eleitas eram mulheres. Como a Bolívia fez isso? "Nacionalizamos nossos recursos naturais", disse Morales, "e nossas empresas estratégicas. Nós assumimos o controle do nosso destino". Esses recursos – que incluem combustíveis fósseis, mas também metais estratégicos importantes, como índio e lítio – são desejados por empresas transnacionais há décadas. Durante seus 13 anos como presidente, Morales foi capaz de enfrentar centenas de anos de desigualdade arraigada.

Morales venceu sua primeira eleição para a presidência quando a "maré rosa" foi estabelecida, da Venezuela à Argentina. Quando os preços das *commodities* caíram, muitos desses governos de esquerda perderam o poder, mas Morales continuou popular e venceu eleição após eleição, com o firme mandato de expandir a democracia boliviana. Mas enfrentou oposição da oligarquia da Bolívia e dos EUA, que há muito tempo desejavam que Morales fosse afastado do cargo. Quando Morales chegou ao poder, a embaixada dos EUA em La Paz – capital da Bolívia – o chamou de "agitador ilegal de coca". Os planos para desestabilizar o governo começaram imediatamente. O novo governo foi informado de que os EUA adiariam todos os empréstimos e discussões sobre o alívio da dívida até Morales exibir "bom comportamento". Se tentasse nacionalizar qualquer um dos setores-chave, ou revertesse as políticas anticoca, seria penalizado. Morales não mostrou tal lealdade aos EUA. De fato, ele abraçou a curva à esquerda na América Latina e desenvolveu um vínculo muito próximo com Cuba e Venezuela.

O medo de um golpe não era distante na Bolívia, que teve golpes em 1964, 1970 e 1980. As Forças Armadas – altamente influenciadas pelos EUA – estavam sempre à espera de um cenário em que pudessem expulsar Morales. Mas a enorme popularidade pessoal de Morales e do MAS impediu qualquer ação armada. A agenda socialista de Morales melhorou a vida cotidiana das pessoas, mesmo com a queda dos preços das *commodities*. O golpe contra Morales estava sempre na agenda; mas teve que ser adiado por causa de seus profundos laços com o povo e por causa de sua bem-sucedida agenda socialista.

O início da eleição de 20 de outubro de 2019 foi muito difícil. Morales procurou um quarto mandato, para o qual ele pediu permissão judicial. O Supremo Tribunal decidiu, em novembro de 2017, que ele poderia concorrer a outro mandato. Nesta eleição, Morales venceu Carlos Mesa por mais de dez pontos, o suficiente para ganhar a presidência no primeiro turno de votação. Mas Mesa se recusou a aceitar o resultado. A OEA, profundamente politizada e altamente influenciada pelos EUA, enviou uma equipe de monitoramento cujo relatório preliminar encontrou irregularidades na contagem dos votos. Todo o caso da OEA se baseou no que ela chamou de "mudança drástica e difícil de explicar na tendência dos resultados preliminares após o fechamento das pesquisas". Mas a OEA não ofereceu evidências para essa alegação. O Centro de Pesquisa Econômica e Política constatou que não havia irregularidades e que a alegação da OEA era infundada. Em fevereiro de 2020, muito depois do golpe ter ocorrido, dois pesquisadores do Instituto de Tecnologia de Massachusetts não encontraram evidências de fraude nas eleições; a OEA recusou-se a comentar. No entanto, as principais autoridades americanas e a oligarquia boliviana se basearam na alegação da OEA e tentaram anular os resultados das eleições. Foi com fundamento nisso que a direita convocou sua base de apoio para encher as ruas, e foi com fundamento nisso que as forças policiais decidiram se revoltar. O papel da OEA e do governo dos EUA em dar legitimidade ao processo de golpe foi fundamental.

Em julho de 2007, o embaixador dos EUA, Philip Goldberg, enviou um telegrama a Washington, no qual destacou que as empresas de mineração dos EUA haviam procurado sua embaixada para perguntar sobre o clima para investimentos na Bolívia. Goldberg achava que a situação para empresas de mineração não era boa. Quando perguntado se ele poderia organizar uma reunião com o vice-presidente, Álvaro García Linera, ele disse: "Infelizmente, sem dinamite nas ruas, é incerto que a Embaixada ou as empresas de mineração internacionais consigam atingir esse objetivo mínimo". Dinamite nas ruas, uma frase que vale a pena mencionar. Um ano depois, Morales expulsou Goldberg da Bolívia, acusando-o de apoiar os protestos na cidade de Santa Clara. Uma década depois, foi a "dinamite" que removeu Morales do poder.

Acreditamos no povo e na vida

Não é à toa que a América Latina produziu tantas centenas de grandes poetas, a maioria deles de esquerda, e muitos deles militantes de vários movimentos. Eles são necessários para expandir nossa imaginação, para nos dar coragem em nossa luta e para iluminar o futuro. Entre eles está Otto René Castillo (1934-1967), uma das grandes vozes da Guatemala. Castillo foi com seus cadernos para as selvas da Guatemala, onde pegou em armas e se juntou às *Fuerzas Armadas Rebeldes* (Forças Armadas Rebeldes). Sua fé na capacidade das pessoas de vencer as guerras contrarrevolucionárias de seus dias dançou em sua poesia.

O mais bonito
para aqueles que lutaram
sua vida inteira,
é chegar ao fim e dizer:
nós acreditamos no homem e na vida
e a vida e o homem
nunca nos decepcionaram

Castillo – junto com sua companheira, Nora Paíz Cárcamo (1944-1967) – foi capturado em março de 1967, levado ao quartel de Zacapa, torturado e depois queimado vivo. Com eles, o Exército matou 13 camponeses e vestiu-os com uniformes rebeldes e os deixou desenterrados – fingindo que haviam sido mortos em combate (uma manobra familiar na Colômbia de hoje). Nada disso havia ocorrido. Todos os 15 foram massacrados na base militar de Las Palmas. Este é o caminho do campo do golpe, que quer roubar a alma do povo, a fim de reduzi-lo a zumbis, que devem abaixar a cabeça e trabalhar, dedicando seu trabalho precioso à acumulação de capital para os tiranos da economia.

FONTES

Um livro como esse se baseia em uma ampla variedade de fontes, mas mais do que isso, se baseia em uma vida inteira de trabalho e de leitura. Listar todos os livros e artigos certamente faria este livro dobrar seu tamanho atual. Estou envolvido – de uma maneira ou de outra – no movimento de esquerda há décadas, e nesse tempo tenho participado ativamente de campanhas contra o comportamento criminoso do imperialismo. Tenho lido sobre esse comportamento, nas últimas décadas, em panfletos e jornais. Não existe maior clareza para um escritor do que estar envolvido no próprio processo sobre o qual deseja escrever; a distância é útil, certamente, mas a distância também pode criar um falso senso de desapego.

Minha primeira lembrança inapagável de atividade política está relacionada à intervenção dos EUA em Granada, em 1983. Havia uma pequena nação insular no Caribe, com uma população com menos de 100 mil habitantes, que vinha experimentando sua própria forma de socialismo através do Movimento Nova Joia. O governo dos Estados Unidos, muito rapidamente, desenvolveu uma narrativa, que alimentou a imprensa corporativa, de um envolvimento cubano no Movimento Nova Joia e no governo de seu líder, Maurice Bishop. Isso provavelmente era verdade, mas a questão não era se era verdade; o objetivo era manchar o Movimento Nova Joia com o rótulo do comunismo e do envolvimento cubano e soviético. Foi exatamente o que o governo dos EUA fez em todas as lutas revolucionárias da América Central e do Caribe nesse período, permitindo que o truque do comunismo justificasse seu apoio às forças de direita mais miseráveis – geralmente genocidas– da região. Meu primeiro ensaio para um jornal foi sobre a intervenção dos EUA em Granada (sendo publicado no jornal alternativo da minha escola, *O Círculo*).

O primeiro rascunho da história, diz o truísmo, é a mídia; como todos os truísmos, é só parcialmente correto. No caso do imperialismo, é absolutamente enganador. A mídia corporativa no Ocidente – e a mídia de outros lugares que a segue – não é capaz de escrever o primeiro rascunho da história, porque faz parte da história. Ela toma o ditado das instituições imperialistas, como a CIA, e produz narrativas que têm graus variados de verdade, mas que quase sempre são histórias enquadradas pelo que se adapta aos interesses ocidentais, e não pelos fatos concretos. Ler a produção midiática sobre Granada após a revolução de 1979 era acessar a estenografia do governo dos EUA. Em 1979, por exemplo, o *New York Times* publicou uma matéria chamada "Granada radical simboliza a mudança política no Caribe" (20 de agosto). A história foi ancorada em dois parágrafos de citações de John A. Bushnell, subsecretário-adjunto de Estado para Assuntos Interamericanos do governo dos EUA. Bushnell disse que, embora o governo dos EUA

> não acredite que Cuba esteja seguindo algum plano mestre para expandir sua influência no Caribe, [...] também parece haver um agrupamento de jovens radicais e movimentos radicais no Caribe, encorajados pelos eventos recentes em Granada e talvez também por Cuba.

Cuba, disse ele, era um "patrono dos revolucionários" e saía em "ajuda a regimes radicais". Não houve relato detalhado dos planos do governo de Bishop; nenhuma voz desse governo, nada realmente sobre o desespero do povo granadino por um tipo diferente de futuro.

Para entender o Movimento Nova Joia, seus próprios jornais eram inestimáveis, assim como os discursos de Maurice Bishop; Bishop falou abertamente sobre os desafios naquela pequena ilha e ofereceu uma visão abrangente do que seria possível se as pessoas se sentissem realmente no comando (eles estão reunidos no livro *Maurice Bishop Speaks*, Nova York, 1983). Para um relato socialista da revolução, o primeiro rascunho da história deve ser os registros do governo (1979-1983) e as palavras deixadas por seus arquitetos. Estes oferecem a revolução com suas próprias palavras. Mas uma revolução – como a contrarrevolução – é capaz de ser cegada por sua própria retórica, razão pela qual seus críticos da esquerda são frequentemente guias inestimáveis para o processo revolucionário. Nos dias anteriores à internet, era difícil acompanhar esses debates, fáceis de serem colocados de lado pelas calúnias da mídia corporativa. Mas sempre houve plataformas de solidariedade – como o Programa Ecumênico de Comunicação e Ação Interamericana (Epica) e TransÁfrica – que produziam seus próprios dossiês e boletins; estes eram recheados de seleções de notícias de jornal e documentos de todos os tipos, uma mistura de informações essenciais que circulavam entre militantes de esquerda que eram solidários a experimentos como o Movimento Nova Joia, e que estavam indignados com as palhaçadas do imperialismo. Tais coleções são fundamentais para o arquivo de um livro como *Balas de Washington*.

Em 1983, os Estados Unidos invadiram Granada e varreram o Movimento Nova Joia.

Foi somente em 2012 que o Arquivo de Segurança Nacional – um projeto de investigação sem fins lucrativos nos Estados Unidos – conseguiu obter 226 documentos, em grande parte vindos do Departamento de Estado dos EUA, sobre Granada. Esses documentos permitem que um pesquisador meticuloso conheça a história de como o governo estadunidense conduziu uma guerra híbrida contra o governo de Maurice Bishop, e como ele criou as condições para sua invasão. Uma leitura atenta desses documentos mostra como o governo dos EUA estava obcecado com o potencial envolvimento cubano e soviético em Granada, e como isso motivou todas as decisões políticas negativas do governo de Ronald Reagan contra o Movimento Nova Joia. O verdadeiro primeiro rascunho da história é esse tesouro secreto de documentos, que vêm à tona décadas após o evento. Este livro foi escrito com esse tipo de documentos em mãos, materiais do Departamento de Estado e da CIA que estão disponíveis no próprio arquivo digital da CIA, ou através do Arquivo de Segurança Nacional, ou também nos documentos particulares de ex-funcionários de ambos, assim como de presidentes dos EUA. É preciso muito esforço para analisar alguns desses documentos e ainda mais para aprender a lê-los com atenção. Esses documentos não podem ser aceitos como evidência conforme apresentados, porque – como aprendi ao longo dos anos conversando com oficiais aposentados da CIA e do Departamento de Estado – há um grande exagero advindo de pretensões da carreira. É preciso filtrar as informações com cuidado e diligência.

Nada é tão valioso quanto um olhar distanciado, e geralmente o melhor dele vem em memórias e relatos, assim como em trabalhos acadêmicos. Maurice Bishop foi assassinado, e Milan Bich – o principal embaixador estadunidense – também está morto. Mas Wendy Grenade, professor na Universidade das Índias Ocidentais, Cave Hill (Barbados), publicou um livro em 2015 intitulado *The Grenada Revolution: Reflections and Lessons* [*Revolução de Granada: reflexões e lições*], em que continha uma entrevista com Bernard Coard, substituto de Bishop e que prendeu Bishop (ainda é um mistério a forma como ele morreu); e dois ensaios de participantes da revolução – Brian Meeks e Patsy Lewis. Um livro como esse publicado por Grenade apresenta uma oportunidade para os participantes recordarem e darem o seu próprio contexto para a revolução, além de permitir que outros contribuíam para o acesso à natureza do golpe de estado contra o movimento Nova Joia. O tipo de livro que você acabou de ler não pode ser escrito sem a leitura da vasta e importante literatura secundária, geralmente o melhor local para compreender os contornos das revoluções de libertação nacional que provocaram as balas de Washington.

Nada foi tão útil para mim ao escrever este livro quanto as conversas que tive com ex-agentes da CIA, pessoas como Chuck Cogan, Rafael Quintero e Tyler Drumheller. *À procura de inimi-*

gos (1978), de John Stockwell, é um livro projetado para limpar a consciência de um homem que estava com nojo do trabalho que ele havia feito. Stockwell estava em Granada pouco antes de Bishop ser morto; ele foi a Trinidad e pegou uma gripe, por isso não estava presente no momento-chave em que o Nova Joia foi destruído. Quando os EUA invadiram Granada, Stockwell disse que o presidente dos EUA, Ronald Reagan, "gosta de controvérsia; isso faz com que ele se pareça com o que ele acha que é, um líder". Os EUA exageraram a presença cubana em Granada, disse Stockwell, como forma de justificar a intervenção. Ele sabia essas coisas com conhecimento de causa.

Sem a participação de pessoas como Stockwell ou Chuck Cogan, esse tipo de livro não poderia ter sido escrito. Antes de morrer, Chuck me encontrou várias vezes em um restaurante em Cambridge, Massachusetts, e me contou sobre seu trabalho no Diretório de Operações nos anos-chave de 1979 a 1984. Eu estava interessado no assassinato do embaixador estadunidense Adolph Dubs, em Cabul, em 1979. Chuck dizia: "não toque nisso; está quente demais". Mas então ele me contou outra história, me levou para outro desastre feito pelo EUA. Este livro está repleto de ideias que recebi desses homens, que fizeram coisas desagradáveis, odiavam falar sobre elas, mas foram honestos o suficiente para dizer, no final de suas vidas, que haviam ajudado a fazer uma bagunça no mundo.